Ariadna Efron
Briefe an Pasternak

Aus der Verbannung
1948-1957

Mit zwölf Briefen von
Boris Pasternak

Aus dem Russischen und mit einem
Vorwort von Wolfgang Kasack

Insel Verlag

Titel der Originalausgabe
Pis'ma iz Ssylki
© 1982 YMCA-Press, Paris

Erste Auflage 1986
© der deutschen Ausgabe
Insel Verlag Frankfurt am Main 1986
Druck: Druckhaus Thiele & Schwarz GmbH, Kassel
Printed in Germany

Vorwort

Briefe, die 1948-1957 in der Sowjetunion zwischen einer Frau, die gezwungen war, im nördlichsten Sibirien als Verbannte zu leben, und Boris Pasternak gewechselt wurden, sind einem Leser in Deutschland Jahrzehnte später nicht in ihrem ganzen Ausmaß verständlich. Natürlich liegt das Menschliche und das Dichterische auf der Hand, sind die Freude an Dichtung und Natur oder das Leiden an den entsetzlichen Lebensbedingungen jedem zugänglich. Aber es vertieft sich das Leseerlebnis, wenn man ein wenig mehr von dem Menschen und von den politisch-historischen Umständen weiß.

Die Briefe stammen von Ariadna Efron. Sie wurde als Tochter einer der bedeutendsten russischen Lyrikerinnen, Marina Zwetajewa, geboren (1912) und wuchs ab 1922 in Prag, ab 1925 in Paris auf. Daraus ergeben sich gelegentliche Erwähnungen der französischen Sprache. Ihr Vater, Marina Zwetajewas Mann Sergej Efron, ursprünglich Offizier der gegen die Bolschewiken kämpfenden Freiwilligenarmee, war Agent des sowjetischen Nachrichtendienstes geworden, in einen politischen Mord verwickelt und hatte 1937 in die Sowjetunion zurückkehren müssen. Ariadna, oder nach russischer Sitte Alja, die in Paris einige Zeit für sowjetische Zeitschriften als Illustratorin gearbeitet hatte, war ebenfalls in die Sowjetunion übersiedelt. Sergej Efron scheint sofort verhaftet und relativ bald umgebracht worden zu sein, im Rahmen der Sippenhaft kam Ariadna Efron im August 1939 aufgrund eines der typischen Willkürurteile, das damals Millionen traf, für acht Jahre in sowjetische KZs. Kurz vorher war ihre Mutter (mit ihrem Bruder) ebenfalls heimgekehrt. In restloser Enttäuschung über die ihr nur feindlichen

Lebensbedingungen setzte diese 1941 ihrem Leben selbst
ein Ende.

Nichts von diesen Tatsachen steht in den Briefen.

Die Briefe beginnen in Rjasan, wo Ariadna Efron an
einer Kunstschule lehrte. Zu wissen, daß sie nicht freiwil-
lig dort war und als Lager-Entlassene keine Aufenthalts-
genehmigung für Moskau bekam, erleichtert das Ver-
ständnis. Mit keinem Wort wird danach erwähnt, daß sie
im Februar 1949 zum zweiten Male verhaftet und dieses
Mal zu »lebenslänglicher Verbannung« verurteilt wurde.
Es ergibt sich nur eine Pause ihrer Briefe vom 21. 1. bis
26. 8. 1949. Aus dem Hinweis, sie habe ihren Arbeitsplatz verlassen und sich nach Sibirien zur Arbeit anwer-
ben lassen, kann der westliche Leser bestimmt nicht
schließen, daß Verhaftung und Zwangsdeportation unter
schlimmsten, nicht von jedem lebend überstandenen
Umständen dazwischen lagen. Solche Zweitverhaftungen
waren 1949 an der Tagesordnung. Die Schuld bestand
eben in der Tatsache der Erstverhaftung. Es war eine
erneute Welle des Massenterrors.

Die Briefzensur zwang zum Verschweigen und zu
äsopischer Sprache. Das Wort »Verbannung« kommt
nicht vor. Verschwiegen sind die wichtigsten Ereignisse
des Lebens – Frankreich, Rückkehr, Willkürhaft, Tod der
Eltern –, verschwiegen ist auch der Umstand, daß das
dichterische Schaffen der Mutter nur zum Teil in der
Emigration und überhaupt nicht in der Sowjetunion
veröffentlicht war. Wenn man das weiß, erkennt man die
Tiefe der Sorge um das Sammeln und Bewahren ihres
dichterischen Nachlasses. Verschlüsselt ist z. B. die
Nachricht über die Verhaftung von Pasternaks Freundin
Olga Iwinskaja, er spricht von seiner »lieben Traurigkeit«. Der Zensur angepaßt sind Formulierungen vom

»großen Stalin«. Erschreckend ist das Ausbleiben jeder Reaktion auf Stalins Tod am 5. 3. 1953. Die folgenden Briefe sind ohne jeden Wandel. Erst ganz allmählich zeigt sich zögernder Mut, an die Aussicht auf Hoffnung auf eine eventuelle Besserung des Schicksals zu glauben.

Die Briefe an Pasternak kreisen um die Sehnsucht nach einem Menschen, mit dem man reden kann, nach einem Raum, in dem man leben kann, nach physischer wie nach geistiger Nahrung und nach Wärme: Wärme als seelischem, als geistigem und als physikalischem Begriff. Diese Sehnsucht erlebt der Leser aus den Briefen ebenso wie die Kraft, die allein aus dem geistigen Bereich erwächst. Er muß vielleicht ein bißchen großzügig über Wiederholungen, auch über manche nicht endgültig gelungene Formulierung hinwegsehen. Schließlich sind es Briefe, die unter sehr schlimmen Umständen geschrieben wurden und nicht für ihn, sondern für zwei andere bestimmt waren – für den Empfänger und für den Zensor.

Die häufigen Erwähnungen russischer klassischer Schriftsteller – Dostojewski, Tschechow, Tolstoi, Tjuttschew, Fet – sind in einem solchen Briefwechsel eine Selbstverständlichkeit. Russen leben mit und in ihrer Literatur. Die Erwähnungen moderner Autoren – Woloschin, Bubennow, Ehrenburg, Grossman u. a. – entstammen dem Lebenskreis der Mutter in den zwanziger Jahren oder der aktuellen Gegenwart. Hier ist es nicht nötig, mehr zu wissen, als aus den Briefen hervorgeht. Aber bei dem Empfänger Pasternak sollte man sich bewußt machen, daß er während der Briefwechselphase fast ganz unterdrückt war. Eigene Gedichte wurden zur Veröffentlichung nicht freigegeben. Er existierte wie viele andere große russische Lyriker nicht nur in dieser Phase der sowjetischen Geschichte von Übersetzungen. Diesem Unglück verdankt der russische Leser vor allem seine Shakespeare-Übertragungen und seinen »Faust«. Der Briefwechsel enthält eine großartige – und sicher die einzige – Analyse der ersten Fassung von Pasternaks Roman »Doktor Schiwago«. Er hat das Werk danach überarbeitet und erweitert, bis er sich 1957 entschließen mußte, es in den Westen zum Druck zu geben.

Es wirkt erstaunlich, daß Pasternak das Manuskript zum Lesen in einen Verbannungsort schicken konnte, wie überhaupt vieles, was beide schreiben, erstaunt. Aber sie brauchten ja nur Rücksicht auf den Briefzensor, nicht den Publikationszensor zu nehmen. Der hätte dieses Buch nie passieren lassen: Das Geschriebene ist zu wahr und zu gültig – auch für unsere Gegenwart.

Wolfgang Kasack

Die Briefe

1. August 1948

Lieber Boris!

Entschuldige, daß ich so ein mieses Stück bin und Dir noch kein einziges Mal geschrieben habe: immerzu habe ich auf wirklich freie Zeit gewartet, um einen großen, echten Brief zu schreiben. Aber ich habe diese Zeit nicht und werde sie wohl auch nie bekommen. Die Gefühle und Gedanken bleiben also in mir, nicht so sehr die ungesagten, aber die unsagbaren. Ich lebe nun schon bald ein Jahr in Rjasan, arbeite an der lokalen Kunstschule – der Bruttolohn beträgt 360 Rubel, in die Hand aber bekomme ich nach allen Abzügen kaum mehr als 200 Rubel[1].* Du kannst Dir vorstellen, was das für ein Spaß ist! Arbeiten muß ich sehr, sehr viel. Diesen Sommer habe ich mich immer mit dem Traum getragen, nach Jelabuga zu fahren, aber bei solchem Lohn läßt sich das einfach nicht bewerkstelligen. Assejew schrieb mir, Mutters Grab ließe sich nicht finden. Ich glaube das nicht.

In der Kunstschule, wo ich arbeite, gibt es eine Abteilung für Bühnenbildner, einen Band Shakespeare aber haben sie nicht und man kann ihn unmöglich beschaffen. Weder ich noch die Schule haben die Mittel oder Möglichkeiten, ohne Shakespeare aber geht es nicht. Die jungen Leute (die in der Mehrzahl aus den umliegenden Dörfern kommen) haben noch nie Shakespeare gelesen, und wenn Du uns keinen Band schickst, werden sie ihn sicher nie lesen. Wenn Du uns keinen schenken kannst, dann schick uns einen zum Lesen, wir senden ihn zurück. Aber ich denke, Du wirst uns einen schenken. Ich bitte Dich sehr darum.

Schreibe mir ein bißchen von Dir. Man hat mir gesagt,

* Die hochgestellten Ziffern verweisen auf die Anmerkungen im Anhang (S. 222 ff.).

Du habest geheiratet. Stimmt das? Wenn es so ist, dann ist es gut. Besonders in der ersten Zeit. Ich küsse Dich innig und liebe Dich. Schreib mir.

Deine Alja

Erinnerst Du Dich, wie Du uns besuchtest[2], wieviel Apfelsinen es gab, wie heiß es war, wie Lachuti halb nackt durch die Flure des Hotels zog, wie wir die Buchläden und Kaufhäuser abklapperten und Dich, der Du an Deine eigenen Dinge, an zu Hause dachtest, irgendwie nichts berührte? Meine Adresse: Rjasan, Leninstraße 30, Rjasaner Kunstschule.

Ich küsse Dich noch einmal. Wie sehr möchte ich Dich sehen.

14. August 1948

Lieber Boris!

Unendlich danke ich Dir für alles, was ich bekommen habe. Die Gedichte sind sehr schön. Als ich den Umschlag geöffnet hatte und mich an den Brief machte, griff die allein neben mir sitzende Marja Iwanowna, eine Buchhalterin aus Rjasan, ohne mich zu fragen nach den Gedichten. Ich sagte ihr: »Lassen Sie das, Marja Iwanowna. Das sind Übersetzungen. Sie verstehen sie doch nicht.« Aber sie ließ nicht ab, las alles und sagte: »Wieso ist das unverständlich? Im Gegenteil, alles ist klar. Und alles ist sehr schön.« Warum habe ich Dir als erstes anstelle von etwas Eigenem die Reaktion von Marja Iwanowna geschrieben? Ja, weil das wunderbar ist – das heißt, das, was an ihnen, den Gedichten, Deinen jetzigen Gedichten, wunderbar ist, ist nicht nur einigen Auserwählten zugänglich. Gegenüber früher ist zu der größeren

Tiefe des Inhalts auch eine größere Einfachheit der Form
getreten. Überhaupt sind das wirklich wunderbare Verse
– was ich von den letzten Gedichten Assejews, die er mir
geschickt hat, nicht sagen kann. Ich konnte auch nicht
umhin, ihm zu schreiben, daß sie mir nicht sehr gefallen
haben. Ihm hat das anscheinend auch nicht sehr gefallen –
er schreibt mir nicht mehr.

Ja, lieber Boris, bald sind es 35 Jahre, daß es mich, die
Ariadna, gibt (im allgemeinen wird dieser Name so
verhunzt, daß ich ihn selbst nicht gleich richtig schreiben
konnte!). Vielleicht wäre in meinem Leben alles einfacher
und glatter, wenn ich eine Alexandra wäre?

Überhaupt gehört der Name nicht zu den glücklichen!
Aber lassen wir das. Gestern bekam ich alles, was du
geschickt hast. Deine Bücher haben die Studenten in der
Kunstschule wahnsinnig gefreut – wenn Du sie doch in
diesem Augenblick gesehen hättest! Sie haben nur bedauert, daß Du ihnen nichts in die Bücher geschrieben
hattest. Sie haben mir sogar das Packpapier weggenommen, um sich zu überzeugen, daß »er es selbst geschickt
hat«. Wenn Shakespeare selbst der Absender gewesen
wäre, hätte er kaum mehr Furore gemacht.

Heute aber hat man mir eine Anordnung vorgewiesen,
daß ich meine Arbeit abgeben müsse und entlassen sei.
Mein Platz ist – wenn schon nicht auf dem Friedhof, so
doch in jedem Fall nicht im System der Volksbildung. Du
kannst Dir nicht vorstellen, wie weh mir das tut. Obwohl
ich sehr ärmlich lebte, war mir die Arbeit doch sehr lieb,
alle haben mich gemocht, und mir war sehr wohl unter
den jungen Leuten. Ich habe ihnen viel gegeben. Wirklich. In diesen Jahren habe ich angefangen, viel zu begreifen, wurde gut, besonders gegenüber den Verzwei-
felten. Auch ging mir die Arbeit leicht von der Hand, ich

habe viel geschafft. Jetzt aber, wo ich von allen Namen und Schicksale kenne, wo jeder zu mir um Rat und Hilfe kommt, damit ich mich für ihn einsetze oder etwas in Ordnung bringe, da muß ich gehen. Wohin – weiß ich selbst nicht. Es ist ungeheuer schwierig, einen Arbeitsplatz zu finden – ich habe keine Ausbildung, die mich in der gegebenen Situation ernähren könnte, und ich bin ganz allein. Gott sei Dank werde ich »wegen Personaleinsparung« entlassen, sonst wüßte ich überhaupt nicht aus noch ein! Du sagst da – »laß den Kopf nicht hängen«. Ich lasse ihn auch nicht hängen, aber davon wird mir wohl auch nicht leichter. Du verstehst, ich wäre schon lange in eine Fabrik oder in einen Kolchos gegangen, täte das sofort, aber ich habe einfach keine Kraft, außer einem Reservefonds an moralischer Kraft. Die durchlebten Jahre waren physisch schwer, und auch das letzte gehörte nicht zu den leichten. Da weiß ich gegenwärtig auch beim besten Willen nicht, was ich tun soll. Das ist im Augenblick wohl alles. Entschuldige das Hin und Her, ich bin sehr müde.

Ich danke Dir nochmals unendlich für alles (kann man überhaupt so schreiben – »nochmals unendlich«?). Du erinnerst Dich nicht mehr gern, nicht wahr? Ich aber erinnere mich oft, wie wir auf dem kleinen Platz gegenüber dem Pressehaus[3] in Moskau gesessen haben und wie alles war.

Ich küsse Dich innig, mein Lieber.

Deine Alja

26. August 1948

Lieber Boris!

Danke für Deine gute Karte und für die guten Verspre-
chungen – nur bin ich nicht recht überzeugt davon, daß
Du viel reicher bist als ich. Mir scheint, Du bist auch so
eine Art Bettler wie ich. Da kann man sich nur damit
trösten, daß Reichtum nicht bei guten Menschen landet.
Alles gleitet irgendwie vorüber, und wir verstehen nicht,
es zu ergreifen und zu erbitten. Deinen Artikel über
Shakespeare habe ich nicht gelesen und werde ihn wohl
auch nicht sobald lesen – man hat ihn mir sofort
weggenommen, und er geht von Hand zu Hand. Schicke
mir unbedingt Prosa und schreibe mir vorläufig unter
derselben Adresse. Sobald sie sich ändert, werde ich es
Dir mitteilen. In jedem Falle wird man es mir sofort
mitteilen, selbst wenn ich zu dem Zeitpunkt an anderer
Stelle arbeiten oder überhaupt keine Arbeit haben sollte –
Gott bewahre mich davor, das wäre das Schlimmste.

Zwei Wochen lang kann ich wohl noch auf die Freund-
lichkeit meiner »Wirtsleute« rechnen – sie wollen mich
wirklich nicht laufenlassen – sie sind sehr gut zu mir und
ziehen vorläufig die Geschichte hin, aber allzu lange
sollte man sie leider nicht hinziehen. Alles liegt daran,
daß es niemanden gibt, der sich für mich einsetzen kann.
Ich bin ja noch nicht lange hier. Man könnte alles
einrenken. Arbeiten muß ich sehr viel und eigentlich
pausenlos. Ich bin entsetzlich müde – im allgemeinen und
im besonderen.

Assejew schreibt mir ab und an hübsche und glatte
Briefe. In seinen Briefen ist etwas Oberflächliches, was
mich vermuten läßt, daß er irgend etwas verbirgt. Ich
weiß nicht, wie ich das ausdrücken soll, jedenfalls flößen
mir alle seine hübschen Lobreden auf meinen Verstand

und seine hochtrabenden Phrasen über Mama nicht jenes
einfache menschliche Vertrauen ein, ohne das es keine
Beziehungen geben kann, die wenigstens annähernd etwas
mit wahren Beziehungen zu tun haben. Er hat die Absicht, hierher zu kommen, um »nach mir zu schauen«.
Diese Brautschau dürfte ihm kaum Vergnügen bereiten.
Aber sag nichts zu ihm! Wovon Du ihm nichts sagen
sollst, weiß ich selbst nicht. Ich möchte dringend schlafen.

Ich weiß selbst nicht, wie es mit mir weitergeht. Soll ich
fortfahren? Wohin? Ich habe keine Lust fortzufahren,
möchte Wurzeln schlagen, möchte, daß mich keiner
anrührt. Ich könnte natürlich nach Wologda zu Assja[4],
aber sie ist durch ihre Ähnlichkeit mit Mama eine Qual,
eine irgendwie karikierte Ähnlichkeit, mit ihrer krank-
haften Schwatzsucht und mit vielem, vielem anderen.
Halte das nicht für Egoismus – aber mit ihr zusammen zu
leben, da ist jede Stunde, jede Minute eine Heldentat, zu
der ich fürchte, gegenwärtig nicht fähig zu sein. Ich bin
doch selbst so schrecklich überreizt, nur zeichnet sich das
Gott sei Dank äußerlich nicht ab. Bei Assja aber liegen
alle Nerven bloß, und das bringt mich jedesmal in
Harnisch, ich weiß selbst nicht, warum. Ich fürchte, daß
ich schrecklich lästere. Verstehst Du alles, was ich nicht
zum Ausdruck bringen kann? Wie schnell doch das
Leben vergeht! Erst vor kurzem hat Mama Deine Ge-
dichtbände »Jenseits der Barrieren«[5] und »Die Schwester
mein Leben«[6] ausgepackt, auch Rilke ist erst vor kurzem
gestorben, und es ist auch noch nicht lange her, da habe
ich als kleines Mädchen die kleine Lüwers[7] entziffert, war
dabei bissiger als diese kleine Lüwers, und Mur spielte
mit dem weißen Bärchen Mums, das Dein Vater geschickt
hatte.

In dem kleinen kalten Museum von Rjasan gibt es Arbeiten Deines Vaters, und im Radio spielt man einen Skrjabin » ... fortgehen von den Schritten meiner Göttlichkeit«[8], auf Lüwers Kindheit bin ich in Mordwinien gestoßen, in einem alten, vielgelesenen und zerlesenen Almanach hinter einem hohen Zaun, im Wald, wo der Heilige Seraphim von Sarow gelebt hat ... Und im übrigen sind wir beide am Leben und geraten von Zeit zu Zeit in die Kreise, die von einem vor langer Zeit ins Wasser geworfenen Stein stammen, stoßen auf irgend etwas oder irgend jemanden, der uns seit langem nahe ist und uns wieder an der jeweiligen Wende des Schicksals erwartet. Die Grenzen zwischen Vergangenheit und Vorvergangenheit sind verwischt, wie sich die Rechnung der Tage und Jahre verwischt hat. Als ich klein war, beunruhigte mich das Gefühl, daß es keine Zeit gibt: bis Mitternacht war Abend, von Mitternacht an war Morgen – wo blieb da die Nacht? Jetzt aber ist bis Mittag Kindheit und von Mittag an Alter. Wo ist das Leben? Begreifst Du irgend etwas von meinem schlaftrunkenen Gestammele? Sei es wenigstens, daß ich Dich sehr liebe und innig küsse!

Deine Alja

5. September 1948

Lieber Boris!

Verzeih das dumme Wortspiel, aber alle Deine Überweisungen sind gut, die letzte jedoch übertrifft alle[9]. Ich weiß nicht, ob ich es richtig gemacht habe – ich bin sofort, »mit demselben Schritt«, wie die Franzosen das nennen, in ein Geschäft gelaufen und habe mir einen Mantel gekauft. Ob es richtig war oder nicht, jedenfalls hatte ich

einen unwiderstehlichen inneren Drang, das zu tun, sogar
mehr als einen Drang. Später, als ich ihn schon gekauft
und angezogen hatte, suchte ich mich zu überzeugen, daß
ich so auch hatte handeln müssen: ich besitze doch
keinen Mantel, überhaupt keinen, und nur ein Wunder
konnte ihn mir schenken. Dieses Wunder aber war eingetreten, also war alles so richtig. Dann habe ich mir
vorgestellt, wie dieser Haufen Geld für lauter Petroleum
und Heringe zerfließt, d. h. nicht »zerfließt«, sondern
»zerflossen wäre«, wenn ich den Mantel nicht gekauft
hätte. Danach aber bin ich mit ganz reinem Gewissen und
leichtem Herzen losgezogen, um mich in allen Schau-
fenstern zu spiegeln. Hab Dank, Boris. Du hast mich mit
Deinem Geschenk ganz ungewöhnlich gerührt und erfreut, aber all das sind nicht die richtigen Worte, ich finde
dafür keine Worte. Einmal geschah es, daß wir an einem
widerlich lichtlosen Herbsttag durch die Taiga zogen,
durch einen Sumpf. Wir sprangen mühsam, mit müden
Beinen, von einer festen Stelle zur anderen, schleppten
unsere verhaßten, aber notwendigen Habseligkeiten, und
es schien uns, daß es niemals im Leben etwas anderes
gegeben hatte außer Taiga und Regen, Regen und Taiga.
Keine einzige horizontale Linie, alles war vertikal – die
Stämme und der strömende Regen, kein Himmel, keine
Erde: der Himmel bestand aus Wasser, die Erde bestand
aus Wasser. Ich weiß nicht mehr, wer neben mir ging, wir
guckten einander nicht an, wir sahen wohl alle gleich aus.
Bei einer Pause holte er unter der Jacke einen in einen
schmutzigen Lappen gewickelten Brotkanten hervor –
Du warst doch in der Evakuierung und weißt, was Brot
bedeutet! –, brach ihn in der Mitte durch und fing an zu
essen, sammelte dabei die Krümel von den Knien, jeden
einzelnen Krümel, dann trank er, auf einen umgestürzten

Baum gestützt, von dem Wasser, hatte den Rest Brot wieder unter der Jacke verborgen. Danach setzte er sich wieder neben mich, dieser große, schmutzige, durchnäßte fremde, seltsame, gleichgültige Mann, schaute mich an, steckte die Hand schweigend unter die Jacke, holte das Brot hervor, wickelte es behutsam aus dem Lappen und sagte: »Nimm, Schwester!«, gab mir sein Stück Brot und pickte all die Krümel bis auf den letzten von dem Lappen auf, steckte sie mit den Fingern in den Mund – er war selbst hungrig. Auch damals, Boris, fand ich kein anderes Wort außer dem einen »Danke«, aber auch damals war mir sofort klar, daß es im Leben alles gibt, gab und geben wird, alles – nicht nur Regen und Taiga. Daß es über dem Kopf den Himmel und unter den Füßen die Erde gibt, gab und geben wird. Nur war jener ein Fremder, war mir fern, Du aber bist kein Fremder, bist mir nahe, doch Du und er, Ihr habt für mich ein größeres Wunder vollbracht, als man es jemals wieder mit Worten ausdrücken kann. – Ja, da erinnert man sich an die Kriegszeit und an all das Kriegsleid und überlegt, das hat es ganz wirklich gegeben, das haben wir ganz wirklich durchgemacht.

Sonst gibt es bei mir bisher – außer dem Mantel – nichts Neues. Die Kündigung bleibt in Kraft, ich arbeite aber vorläufig weiter am alten Platz, was und wie es weitergeht, weiß ich nicht.

Wenn ich hier fort muß – und das kann möglicherweise sehr bald sein – werde ich wohl zu Assja fahren. Dort wird mir vielleicht – sogar ziemlich sicher – Andrej bei der Arbeitssuche helfen. Ich werde auch bei ihnen unterkommen können. Hier habe ich schließlich niemanden und nichts, und alles kann unerträglich schwierig werden.

Doch auch dort, Boris, ist alles weiß Gott kein Zuckerschlecken. Es ist sehr, sehr schwer, mit Assja mehr als zwei Stunden hintereinander zusammenzusein. Außerdem ist sie die Mama im Zerrspiegel. Sie ist fast Mama und doch etwas ganz anderes, entsetzlich, das geht über meine Kräfte. Was die Kräfte anbetrifft, so habe ich nur noch ganz wenig, und meine Wurzeln reichen nur mit Mühe bis zu den unterirdischen Quellen, Boris. Ach ja, sprich zu Assja nicht über das, was Du mir geschickt hast, sonst wird sie mir zusetzen, daß ich nicht nach Jelabuga gefahren bin. Aber ich weiß, Mama, wäre sie am Leben, hätte es vorgezogen, daß ich mir etwas zum Anziehen kaufe, die tote Mama aber ist nicht da.

Ich küsse Dich, mein Lieber, ganz innig. Ach, könnte ich Dich doch einmal sehen! Schick mir Deine Prosa. Schreib mir vorläufig über die Adresse der Kunstschule; wenn ich eine neue Adresse bekommen, teile ich es Dir mit.

Deine Alja

20. September 1948

Lieber Boris!

Heute habe ich ganz früh am Morgen gehört, wie die Kraniche fortziehen. Ich trat ans Fenster und sah, wie sie am trüben Himmel durch das dämmrige Licht flogen, und konnte danach nicht wieder einschlafen – war ganz in Gedanken. Warum habe ich Dir von diesen Kranichen geschrieben – ich weiß es selbst nicht. Ich habe Deinen Brief aufgefaltet, und da fielen sie mir ein. Wahrscheinlich gibt es irgendeine verborgene, vielleicht auch offene Ähnlichkeit zwischen Deiner Handschrift und dem Flug dieser großen, starken Vögel, die ewig zwischen Norden und Süden, Winter und Sommer hin- und hergerissen sind, Vögel ohne einen Bereich in der Mitte und ohne eine goldene Mitte in ihrem Leben.

Wie liebe ich ihren Schrei im Nebel der Abend- oder Morgendämmerung und die strenge, schwankende Silhouette ihrer Esquadrille und jenen letzten, der mit mächtigen, in der Entfernung geräuschlosen Schlägen der Schwingen den Seinen nachjagt . . .

»Alles Üble ist schon gemacht worden«, schreibst Du. Ich weiß nicht, ich bezweifle es. Erstens reicht kein einziges Menschenleben, auch kein noch so zähes, um »alles« zu machen – (das Gute oder das Üble). Zweitens – zweitens bin ich so menschenscheu geworden, daß es für mich ungeheuer schwierig ist, meine Gedanken zu formulieren – sie haben sich zu wirren Empfindungen verformt, die nur ich allein verstehe, ich, mein einziger Gesprächspartner. Sie drängen sich in meinem Kopf, bis sie einander auffressen, und dann »kann der Kopf leichter atmen«. Ich wollte Dir einfach sagen, daß Du der erste der mir bekannten Dichter bist, der das Geheime offenkundig gemacht hat, der das Unsagbare bis zu einem Grade gesagt hat, bis zu dem einige Deiner Vorläufer – sagen wir Tjuttschew oder Fet – nur zufällig gelangt sind. Diese Zufälligkeiten aber sind – nach meiner Ansicht und meinem Gefühl – das Beste in ihrer Lyrik. Doch ich bin ein schlechter Richter in solchen Fragen, weil mein Gehör so stark entwickelt ist. Für ein objektives Verhältnis zur Sache ist das noch schlimmer als Taubheit, denn ich verstehe auch das Schwierigste bei Dir von der kleinsten Andeutung an. Nicht nur jetzt, auch schon damals, als ich ein ganz kleines Mädchen war, dieses Gespür sich also wunderbar mit der Begeisterung für das Kino verband, mit dem Lesen illustrierter Zeitschriften und den Plüschromanen der Marlitt, mit all dem, was schon lange leicht abgestreift ist wie die Haut einer Schlange, die ihren Dienst getan hat.

Das Aller-, Allerbeste, das Allererfreulichste, das Allerreinste in der Natur hat mich immer, in jedem beliebigen Alter und unter allen beliebigen Bedingungen, dazu gebracht, an Dich zu denken, den Schöpfer der zu Gedichten gewordenen Wolkenbrüche, deren erste Tropfen wie Quecksilberkugeln im Staub rollen, der Gewitter, des zitternden Laubs, der zarten, strahlenden weiblichen Wandlungen von Tränen zum Lächeln und umgekehrt. Das Fühlen der Natur, das Gefühl des Feierlichen und der Trauer, des Geschmacks und des Geruchs und – verzeih mir den trivialen Klang dieser schönen Worte – der weiblichen Seele: all das wurde Dir in die Hände gelegt. Nein, Du bist Dir selbst gegenüber ein schrecklicher Schuft, wenn Du in der Tat annimmst, daß »alles Üble schon gemacht worden ist«. Ich fürchte, daß Du Besseres als das Beste aus dem oben genannten Üblen nicht mehr schaffen wirst! Natürlich gab es auch bei Dir wie bei jedem echten Dichter schwaches Zeug, aber ohne das gibt es kein Schaffen. Wieviel ist davon in Mamas frühen Versen – möge sie mir diese Worte nicht übelnehmen!

Die Dichtung der unmittelbaren Gegenwart ist meiner Ansicht nach ein ständiges »Unser täglich Brot gib uns heute«, und einzig und allein Majakowski beherrschte sie voll und ganz – und sie ihn. Aber der Mensch lebt nicht vom Brot allein, nicht einmal in solchen Zeiten, wenn das Brot alles bedeutet. Ich sage das en pleine connaissance de cause. Groß und tief ist die Kraft des Dichters, und an Größe und Tiefe gleicht ihr nur das Gedächtnis des Lesers, von dem die Dichter gemeinhin keine Vorstellung haben. Du auch nicht. Auch dies sage ich wieder en pleine connaissance de cause.

Das wäre es für heute. Ich habe auch schrecklich viel zu tun, aber das sind so hoffnungslos stupide Dinge, daß – ach, lassen wir das, bei Gott, es lohnt sich nicht, darüber zu sprechen. Müde bin ich.
Ich küsse Dich.

Alja

10. Oktober 1948

Liebe Alja!
Ich schicke Dir das versprochene Manuskript einfach so, wie es aus der Schreibmaschine meiner Freundin kommt[10], die übrigens den gleichen Namen wie Deine Mutter trägt und sie sehr verehrt – Marina Kasimirowna Baranowitsch. Sie hat es abgetippt. Aus einem französischen Einschub ersehe ich schon, daß Tippfehler enthalten sind, aber ich habe keine Zeit, es zu überprüfen, glaube auch nicht, die Zahl der Tippfehler könnte so hoch sein, daß sie den Eindruck trüben. Wenn Du das Manuskript gelesen hast und nicht das echte, unüberwindbare Bedürfnis spürst, es noch jemandem zu zeigen, bitte ich Dich, es an folgende Adresse zu senden: Frau Jelena Dmitrijewna Orlowskaja, Frunse, Postamt, postlagernd. Sollte Dir das aufgrund äußerer Umstände ungelegen sein, bitte ich Dich, mir das mitzuteilen und mir das Manuskript per Post zurückzugeben. Ich habe die ganze Zeit in Peredelkino gelebt. Mein jüngster Sohn hat einmal gesagt, Ariadna Sergejewna habe angerufen. Wir haben eine Bekannte, Ariadna Borissowna, vielleicht war sie es, und er hat das verwechselt.
Ich küsse Dich.

Dein B.

Lieber Boris!

Gestern bekam ich das Buch und heute die Postkarte. Sei bedankt. Ich war vor kurzem ein paar Tage in Moskau, habe bei Dir angerufen, man sagte mir, Du seist in der Datscha, Dein Sohn hat also nichts verwechselt, das war wirklich ich. Ich habe es schrecklich bedauert, daß ich es nicht geschafft habe, Dich zu sehen, und auch jetzt tut es mir noch leid. Nach Moskau bin ich auf Einladung einiger guter Leute aus dem Schriftstellerverband gefahren, die mir helfen wollten, meine Arbeitssituation in Ordnung zu bringen, also die Geschichte mit der Arbeitsstelle, die ich jetzt schon bald zwei Monate eigentlich verlassen soll. Sharow[11], der gestern zur Feier des 30. Jahrestages des Komsomol nach Rjasan gekommen ist, hat versprochen, alles in Ordnung zu bringen und mit allen zu reden, aber es ist einfach nicht möglich, ihn zu sehen oder ihn anzurufen – im Hotel »Stern« (der Temperatur nach der Polarstern!) kann er es nicht aushalten, zu den übrigen Stellen, wo er sein müßte, dringt man nicht durch. Überhaupt haben mich all diese Aufregungen, dieser ständige Kleinkram über all das früher Durchlebte hinaus restlos zermürbt – so wie einen das stündlich wiederholte »was der künftig Tag« . . . aus der sogenannten populären Arie[12] zermürben kann. Es ist sehr schwer und kann einen verrückt machen, wenn ständig das Gestern mit aller Gewalt Übergewicht hat, Übergewicht über das Morgen, bei mir aber läuft es ständig darauf hinaus, – und nicht nach meinem Willen.

Sage mir, wie lange darf ich das Buch lesen, ich und noch ein paar andere? Ich habe einen Wunschtraum, aber aufgrund meiner Lebensumstände läßt er sich nicht sehr schnell verwirklichen: ich würde es gern illustrieren, nicht ganz so, wie üblicherweise nach allen Regeln der Kunst Bücher »ausgestattet« werden, also Schutzumschlag, Vorsatzpapier usw., sondern ich würde gern ein paar Federzeichnungen machen, versuchen, behutsam meine Vorstellungen davon, wie mir die Personen vorschweben, auf Papier zu bannen, sie einzufangen. Verstehst Du? Vielleicht oder sogar bestimmt würde das nicht Deine Vorstellung sein und nicht genau treffen – übrigens warum eigentlich »sogar bestimmt« nicht? Es könnte auch sein, daß es die Deine ist und genau trifft. Aber das läßt sich nur unter der Voraussetzung ausführen, daß ich hier bleibe, denn wenn, was Gott verhüten möge, ich in nächster Zukunft zu Assja übersiedeln müßte, würde das für alles in der Welt eine lange Unterbrechung bedeuten. Es würde einfach entsetzlich, ich schreibe das ganz aufrichtig, bin mir ganz aufrichtig meiner eigenen Gemeinheit bewußt.

Ich küsse Dich.

Deine Alja

12. 11. 48

Lieber Boris!

Ich habe Deine Postkarte bekommen, entschuldige, daß ich mich so lange nicht zu dem Buch geäußert habe – flüchtig und so zwischendurch möchte ich das nicht, aber so, wie ich es möchte, habe ich immer wieder die Zeit nicht gefunden: wegen der blödsinnigen Belastungen vor dem Feiertag, die zu der normalen Arbeit und zu dem ernstzunehmenden Beginn der »Herbst- und Winter-Saison« unter den schwierigen Lebensbedingungen in Rjasan hinzukommen. Am Montag gibt man mir das Buch zurück, und dann werde ich Dir mit dem Text in der Hand ausführlich schreiben. Ich habe es natürlich als erste gelesen, zweimal hintereinander. Es ist sehr gut. Aber ich hätte sehr gern, wenn die Zeitsprünge zwischen den Ereignissen ausgefüllt und weitergeführt wären, die an sich doch zweifellos mit Ereignissen, die sich nur noch nicht entladen haben, angefüllt sind. Verstehst Du? Über all das will ich schreiben, sobald ich das Buch zurückhabe, vorläufig nur schnell diese Zeilen, um Dir zu sagen, daß wir – das Buch und ich – am Leben sind und bald von uns hören lassen. Dort sind großartige, großartige Stellen, die einem durch und durch gehen wie nur Du es erreichen kannst. Aber ich fürchte, ich werde es nicht so zeichnen können, wie es erforderlich wäre. Eine Illustration ist die Übersetzung eines Textes in die nicht menschliche Sprache der Linien, Flecke, des Lichts und des Schattens, in irgendeine Taubstummensprache. Bei Dir ist das besonders schwierig, Du bist einer der Unübersetzbaren. Da bedarf es eines Malers von Deinem Format, eines Slatoust[13] in der Graphik. Ach, ist das schwierig! Zeit sollte man haben, wenigstens ein bißchen Ruhe – das bezieht sich schon nicht mehr auf den Slatoust, sondern auf mein bescheidenes Ich.

Sharow hat sich außerordentlich verständnisvoll um mich gekümmert, hat alles gemacht, was nötig war, man hat mir meinen Arbeitsplatz wieder bestätigt, im Januar werde ich vielleicht zusätzlich Graphik-Unterricht geben und zweihundert Rubel[14] mehr verdienen, auch das ist Brot. Außer dem Bewußtsein, daß die Zeit allzu schnell vergeht und für Überflüssiges verrinnt, hat mich in der letzten Zeit ein unbegreifliches und widerliches Fieber geplagt – mir tut nichts weh, aber ich habe die ganze Zeit über Temperatur.

Ich küsse Dich innig und werde Dir bald viel und in meiner Weise zur Sache schreiben.

Deine Alja

20. November 1948

Lieber böser Boris!

Laß mich dieses Mal nicht auf Dich hören und nicht Deine Freundin sein und »ihn« (vorläufig noch) nicht nach Frunse schicken und mich »damit quälen« und »mit ihm meine Abende verlieren«. Dies um so mehr, als Du gerade noch vor ganz kurzer Zeit mir all das erlaubt hast. Soviel zum ersten. Zum zweiten, was kann denn für eine unmittelbare Verbindung zwischen meiner Beziehung zu Dir und meiner Beziehung zu dem Roman bestehen? Wenn es auch der Deine ist, aber wenn Du ihn geschrieben hast, ist er bereits er selbst, etwas Eigenständiges, und haftet für sich selbst. Somit kann es eine gute Beziehung zum Autor und eine schlechte zu dem Werk geben, und eine schlechte zum Autor und eine gute zum Werk, und es kann auch eine atemberaubende Beziehung zu dem einen wie zu dem anderen geben, mit einem Wort – alles kann sein. Wenn ich Dir also viel über das, was Du geschrieben hast, schreiben möchte, dann durchaus nicht, um Dir meine Beziehung zu Dir zu beweisen. Soviel zum zweiten. Zum dritten aber, von was für einer Gesetzmäßigkeit der Mängel sprichst Du, D u ? Du kannst von der Gesetzmäßigkeit der Mängel, sagen wir einmal, Deiner Kinder sprechen – doch nicht über dieses Kind, das in einer ganz anderen schöpferischen Weise geschaffen wurde!

Du hast geschrieben, wie Du es konntest und wie Du es wolltest, laß mich ihn so mögen, wie ich es kann und wie ich es will, und laß mich vielleicht nicht ganz so schreiben, wie ich es will, weil ich es nicht immer so vermag, doch so, wie ich es können werde. Schreibe mir um Gottes willen nicht solche ein bißchen oberflächlich geglätteten, doch in Wirklichkeit bösen Postkarten.

Verzeih mir meine Langsamkeit, da ist etwas mit der Zeit und mit mir geschehen. Es gibt schon Zeit, aber sie gehört mir niemals, sie jagt micht, und sie treibt mich von einer Belanglosigkeit zur anderen, und ich bin ganz abgehetzt von all diesem bürokratischen Zeug und von den häuslichen »Angelegenheiten« – vom Heizen, das niemanden warm macht, vom Kochen, das niemanden satt macht usw., und all das ist mir zuwider, nun, ist ja auch egal.

Ich küsse Dich innig, lieber böser Boris!

Deine Alja.

12. November 1948

Liebe Alja!

Wenn Du Dich ohne besonderen Verlust von dem Manuskript trennen kannst und wenn die Erfüllung meiner Bitte nicht mit irgendwelchen praktischen Unbequemlichkeiten verbunden ist, dann schick es bitte per Post in derselben Weise, in der es Dir zugeschickt worden ist, an folgende Adresse: Frau Jelena Dmitrijewna Orlowskaja, Hauptpostamt, postlagernd, Frunse, Kirgisskaja SSR. Ich wäre Dir sehr dankbar. Schieb es, wenn möglich, nicht auf. Ich bin nicht sicher, ob Du in Rjasan bist, aber ich glaube, Du hättest mich im Falle einer unvorhergesehenen Abreise davon in Kenntnis gesetzt.

Ich küsse Dich.

Dein B.

27. 11. 48

Lieber Boris!

Erst heute habe ich Deine Postkarte vom 12. 11. erhalten,
in der Du mich bittest, das Buch sofort abzuschicken: für
Deine Postkarte wurde Nachgebühr erhoben und daher
hat sie lange beim Postamt gelegen, bis man mir die
Information schickte. Das Buch kann ich am 1. oder 2.
Dezember abschicken – verzeih die Verzögerung, aber
ehe ich nicht meinen Lohn ausgezahlt bekomme, geht das
einfach nicht. Es tut mir sehr leid, es abschicken zu
müssen, ich würde es noch gern behalten und zeichnen,
aber für all das brauche ich Zeit, die Du für mich nicht
hast. Und ich habe sie für mich noch weniger.

Ich küsse Dich.

Alja

28. 11. 48

Lieber Boris!

Nun habe ich mir schließlich jene Handvoll Zeit er-
kämpft, die ich unbedingt brauche, um mit Dir zu
sprechen. Verzeih mir im voraus das ganze folgende
Durcheinander – ich habe Dir schon einmal geschrieben,
daß ich nach einer so langen Zeit des Stummseins
angefangen habe zu stottern, es ist mir unüberwindbar
schwer, in menschlicher Sprache meine – doch menschlichen – Gefühle und Gedanken auszudrücken. Zu viele
Grenzen, Verbote und Hindernisse haben sich in mir
aufgetürmt, um das vermitteln zu können, was v o r den
Worten so klar und gegliedert in meinem Kopf entstanden ist. Offenbar bedarf es dafür der Zeit, die es nicht
gibt, oder des Wunders, das es auch nicht gibt.

Ich tröste mich übrigens damit, daß Stottern im Ver-

gleich mit völligem Stummsein immerhin doch einen
Schritt vorwärts bedeutet.

Zunächst werde ich Dir davon schreiben, was mich
gestört hat, oder davon, was mir nicht ganz verständlich
ist, oder davon, womit ich nicht ganz einverstanden bin.
Erstens – eine schreckliche Enge. Wie kann man nur in
150 Schreibmaschinenseiten so viele Schicksale, Epochen,
Städte, Jahre, Ereignisse, Leidenschaften hineinpressen,
ohne ihnen den absolut notwendigen Platz, die notwendige Weite, den Raum und die Luft zu geben! Und das ist
kein Zufall, das hat sich nicht von selbst so geschrieben
(wie »es« sich manchmal von selbst schreibt!). Das ist
eine bewußte schöpferische Grausamkeit einmal Dir
selbst gegenüber, denn keiner der mir bekannten Zeitgenossen beherrscht diese Weiten und Räume so wie Du,
dieses Gefühl der Zeitausdehnung, zum anderen gegenüber den Romanfiguren, die in dieser Enge buchstäblich
mit den Köpfen zusammenstoßen. Du gehst mit ihnen
wie mit Rechtsbrechern um, zwängst sie auf Doppelprit-
schen, machst es wie jener Ludwig mit dem Bischof.

Warum machst Du das? Ist es Dein Wunsch, das
Wichtige vom Wichtigen zu sagen (»das Lebendige vom
Lebendigen«, wie es in einer von Mutters Sachen heißt),
damit es nichts Überflüssiges gäbe, damit das Kompli-
zierte einfach erscheine? Aber es ist gerade diese »Ein-
fachheit«, die das Ganze so verkompliziert, daß man
Deinen Weg ganz nachvollziehen muß, à rebours, unter
Wiederherstellung dessen, was Du verworfen hast.

Es ergibt sich ein Konzentrat – der Schicksale, der
Epochen, der Leidenschaften –, wobei der Leser – das
heißt, im gegebenen Falle spreche ich nur in meinem
Namen! –, wenn er sich hineinvertieft, gezwungen ist, die
Flüssigkeit aufzufüllen, die Du ausgepreßt hast, das

wieder kompliziert zu machen, was Du »vereinfacht«
hast. So kommt es, daß all diese Personen – Lara, Juri,
Tonja, Pawel –, daß sie alle auf einem anderen Planeten
leben, wo die Zeit anderen Gesetzen unterliegt und
unsere 365 Tage einem der ihren entsprechen. Daher
haben sie überhaupt keine Zeit für belanglose Gespräche.
Es gibt keine sorglosen, einfachen Tage, nicht das, was die
Franzosen détente nennen, sie reden keine Dummheiten
und machen keine Witze, wie das bei uns auf der Erde
üblich ist. Es gibt kein einziges komisches Ereignis, ohne
das es keine Jugend gibt. Daher fehlt der Eindruck der
schrittweisen Entwicklung ihres Wachsens und ihrer
Wandlungen, ihres Vorbereitetwerdens für diese Wandlungen.

Dem »fröhlichen und umgänglichen« Patulja gibst Du,
nachdem er jemanden bei der Kundgebung auf die Schip-
pe genommen hat, kein einziges Mal mehr Gelegenheit
zu einer Albernheit. Dabei mußten gerade seine Lebens-
freude, sein Vitaminüberschuß und seine Fähigkeit, andere zum Lachen zu bringen und zu unterhalten, die
schwer verwundete und angeschlagene Lara anziehen,
mußten dies mehr als sein unsicheres Verhalten als in sie
Verliebter. In Jurjatin wird Patulja einfach zu Jura,
beinahe mir nichts, dir nichts, es fehlen nur noch die
Gedichte. »Er war klug, sehr tapfer, schweigsam und
spöttisch«, sagst Du von ihm auf Seite 135, und man soll
dem Geschriebenen einfach glauben. Wenn Du vorher
keine solche Charakteristik abgegeben hättest, wäre niemand auf die Spottlust von Patulja gekommen.

Dabei haben solche Eigenschaften – Spott, Beobachtungsgabe und Humor – einen außergewöhnlich großen
Einfluß auf die Beziehungen der Menschen zueinander,
sie schaffen Freunde und Feinde, sie trösten und erbosen.

Gerade das hättest Du in dem Buch nicht umgehen, nicht ausschließen dürfen.

Zu Lara: an sie glaubt man nicht nur wie an das gelungene Produkt eines Schriftstellers, sie ist nicht nur glaubhaft, sie i s t da, ist jetzt da, lebt jetzt. Wenn ich Dir etwas über sie schreibe, dann tue ich das also nicht wie über eine literarische Figur, sondern wie über einen lebenden Menschen, dessen Schicksal allein von Dir abhängt. Gib ihr doch alle 365 Tage im Jahr, und nicht nur die Tage der großen Ereignisse und Erlebnisse! Laß sie selbst den Weg bis zum Schuß auf Komarowski machen, und ersetze sie nicht durch ein paar Seitchen in bewußt trockener Kurzsprache: ». . . das Leben war Lara zuwider«. ». . . Sie begann wahnsinnig zu werden.« ». . . Es drängte sie, alles Bekannte fortzuwerfen«. ». . . mit der Absicht, auf W. I. zu schießen, wenn er ihr eine Absage erteilt, wenn er sie falsch versteht oder irgendwie erniedrigt«. Wichtig ist doch wirklich nicht so sehr die Tat, sondern vielmehr das, was zu ihr führt, was sie unvermeidlich macht. Im gegebenen Falle ist der Schuß nicht unvermeidlich, und dies nicht deshalb, weil man ohne ihn hätte auskommen können (so ist es nicht, Lara kann nicht anders!), sondern weil Du im verantwortungsvollsten Zeitraum, beim Heranreifen des Ereignisses, Lara ersetzt hast, für sie mit Deinen eigenen (und in diesem Fall ganz und gar nicht Deinen eigenen) Worten weitererzählt und ein paar berichtende Sätze an die Stelle von einigen der quälendsten und verantwortungsvollsten Jahre gestellt hast, an die Stelle der ganzen Inkubationszeit, in der sie mit diesem Schuß schwanger ging, der noch nicht gefallen war, ja sogar noch nicht einmal in ihr Bewußtsein gedrungen, doch schon unvermeidlich war.

Und der Schuß selbst – hat er Lara von Komarowski befreit? Hat sie mit ihm den Komarowski in sich getötet?

Wenn ja, dann muß, dann kann Komarowski nicht bei Laras Hochzeit erscheinen. Das ist das schlimmste, das unmöglichste seiner – wenn auch nach dem Gesetz nicht bestrafbaren – Verbrechen, sowohl gegenüber Lara als auch gegenüber Pascha als auch gegenüber dem Chor der Gäste, das ist eine scheußliche Taktlosigkeit. Auch gegenüber sich selbst. Dieser Typ, der Schuft und Gentleman zugleich ist, kann sich eine Grobheit erlauben, aber keine Taktlosigkeit. Nirgendwo, niemals und unter keinen Umständen kann er aus eigenem Wunsch und Entschluß in der Rolle des Besiegten und dann noch fast in einer komischen Rolle auftreten. Seine »jungen Freunde« können für ihn alles mögliche sein, nur nicht Freunde. Pascha konnte nicht verzeihen, Lara – Lara konnte Komarowski aus ihrem Leben löschen, aber – aber, wenn er noch einmal auftauchte, Gott weiß, was für ein Wesen sich in ihrem Herzen begonnen hätte zu regen, sich hätte regen müssen. Für ihre Reaktionen wären viele Möglichkeiten gegeben, auf keinen Fall aber »sie äußerte sich laut und unaufmerksam«, ». . . hatte ganz vergessen, mit wem und worüber sie sprach . . .«.

Dann, weißt Du, würde ich so schrecklich gerne wissen, wie Larissa damals, dort beim Weihnachtsbaum, Komarowski g e s e h e n hat. ». . . sie hielt inne und verharrte unschlüssig auf der Schwelle des Wohnzimmers und hoffte, daß Komarowski, der mit dem Gesicht dem Raum zugewandt saß, sie bemerken würde . . .«. Das ist doch erst, n a c h d e m sie ihn erblickt und erkannt hat, ihn, den so Bekannten und Fremden, inmitten der Gäste, nach vielen Jahren. Erst nach diesem Blick und diesem Erkennen hielt sie inne und verharrte unschlüssig auf der Schwelle. Das mag eine Kleinigkeit sein, aber gerade sie ist es, die ich sehr brauche!

Sage einmal, wie konnte es geschehen, daß diese Frau mit einem so tiefen und starken Gefühl für Pawel in Jurjatin kein Gefühl hatte? Der Tatbestand seines Entschlusses konnte für sie überraschend sein, nicht aber der grundsätzliche Wandel in ihm, der diesen Entschluß ausgelöst hatte. Ihre Beziehung zu ihm war doch nicht so oberflächlich, daß ihr alles entgehen, alles entgleiten konnte? Und wenn e r alles so fühlte, wie sollte dann sie, als eine Frau und darüber hinaus als so eine Frau, als diejenige, die noch dazu an allem schuld war, nicht fühlen, was er fühlte? Wieder diese Enge, diese Herkunft von einem anderen Planeten, die der Inkubationszeit keine Entwicklung läßt, die unmittelbar zur nächsten Handlung führt, zur nächsten Explosion, zum nächsten Umbruch der Leben und Schicksale.

Der ganze wachsende Unterschied zwischen Pawel und Lara, der sich eigentlich im Unterschied ihrer Beziehungen zu ihrer Umwelt ausdrückt, selbst Deine Bemerkung, daß »sogar Lara ihm nicht genug zu wissen schien« (übrigens wieder ein schrecklicher Mangel an Intuition bei ihr! Es ist doch so, daß Frauen überhaupt immer über das, was ihre Männer interessiert, »nicht genug wissen«, aber sich das nie anmerken lassen!), alles das mußte in Pawel fast eine Verärgerung auslösen, in der Tat aber liebt er sie noch mehr als früher und verläßt sie in Liebe. Damit auch dieser Unterschied und diese Liebe und all diese Vermengung von Widersprüchen in ihren Beziehungen verständlich, unvermeidlich wirken, ist es wiederum notwendig, diese Periode in einem größeren Raum aufzulösen – es mangelt ihr an vielen, vielen Buchseiten.

Wie steht Pawel zu seiner Tochter? Spielt er mit ihr? Schaut er sie an, wenn sie schläft? Hat es zu Hause wenigstens eine Kinderkrankheit gegeben, wenigstens eine schlaflose Nacht, wenigstens eine Aufregung wegen des Kindes? Wenn nicht, was soll dann überhaupt das Kind? Ist es nur deshalb da, damit es (sie!) im zweiten Teil des Buches plötzlich großgeworden (oder gestorben) ist?

Da ist Pawel an die Front gefahren. Lara aber beginnt nicht, ihn bei diesem Verlust mehr als früher zu lieben, wertet ihn nicht anders, wie wir es alle tun (und sie es auch hätte tun müssen!), wenn wir einen uns nahen Menschen aus der Mitte unserer Beziehungen verlieren, nicht als Abgestorbenen, nicht als wirklich Gestorbenen. In solchen Fällen pflegen Abstand und Unerreichbarkeit die Menschen einander außerordentlich nahezubringen; Lara aber »machte sich anfangs keine Sorgen«, als sie von Antipow keine Briefe mehr bekam. Ist es denn möglich, sich anfangs keine Sorgen zu machen? Es kommt schon vor, daß ein Übermaß an Sorge um einen Menschen die Seele in einem solchen Maße vergällt und übersättigt, daß man von heute auf morgen aufhört, sich Sorgen zu machen – ganz, restlos, ein für alle Mal. Doch anfangs, anfangs mußte sie wie jede einfache Frau, die ihren Mann an den Händen ergriffen, die ihm zu Füßen gelegen hat, schier wahnsinnig werden, weil keine Briefe mehr kamen, mußte sich tagsüber irgendwie mit der »Entwicklung der militärischen Ereignisse und der Unmöglichkeit, während des Vormarsches zu schreiben«, beruhigen, nachts aber nicht schlafen. Auch ihr Gefühl dem Kind gegenüber mußte verworrener werden. Da paßt kein »die Tochter bei Lipotschka unterbringen« und später ein »arme Waise« (übrigens gehören diese Worte nicht zu Laras Wortschatz. So konnte Madame Guichard, nicht aber ihre Tochter Lara sprechen!)
Überhaupt stimmt es bei Dir mit den Kindern nicht so

ganz. Wo bleibt denn das Kind von Jura und Tonja? Nach der großartig dargestellten Geburt (dort, wo Du Tonja so gut mit einer Barke vergleichst) geht der Junge vollkommen verloren. Auch bei den Eltern hinterläßt er keine Spuren, weder in den Gefühlen der Mutter noch denen des Vaters. Als Juri Andrejewitsch an der Front Gordon wiedertrifft, besinnt er sich mit keinem Wort an den Sohn oder an seine Frau. Warum? Warum? Er besinnt sich auch nicht ohne Worte. Großartig dringt allerdings Tonja dort im Lazarett in sein Gedächtnis, als Lara auftaucht, aber sie dringt als so ferne Erinnerung hinein, als sei zwischen ihnen schon alles früher abgeschlossen gewesen, vor langer, langer Zeit, obwohl darüber kein Wort gesagt wurde, obwohl das nur im weiteren Verlauf geschehen kann. Noch eine letzte Mäkelei: wo ist denn bloß der Nikolaj Nikolajewitsch Wedenjapin gelandet, den Du zu den Bedeutendsten erhoben hattest und der dann wie vom Erdboden verschluckt ist, wo stecken Laras Mutter und Bruder, wo ist die wunderbar beschriebene und nicht weniger wunderbar abgeschriebene Olja Djomina? Laras Mutter und Rodja hätten von Zeit zu Zeit in Laras Leben auftauchen müssen, sei es als Fremde, sei es als Lästige, aber Du kommst nicht darum herum, sie sind Verwandte! Weder Laras Hochzeit noch die Geburt des Kindes noch die Abreise nach Jurjatin konnten ohne eine Teilnahme von Amalija Karlowna auskommen, und sei es aus der Entfernung. Auch eine noch hilflosere und unbeholfenere gealterte Mutter mußte in der erwachsenen Lara, in Lara der Mutter, wenn schon nicht Liebe, so doch wenigstens das Mitleid der Tochter auslösen.

Nikolaj Nikolajewitsch, ein kluger und ungewöhnlicher Mann, der Jura klug und liebevoll großgezogen hat, der zwangsläufig Einfluß auf seine Umgebung hatte – um so mehr auf die Jugend – fällt plötzlich ganz aus Juras Leben heraus, auch aus seinem eigenen. Du läßt ihn nicht in Streit geraten, nicht fortfahren, nicht sterben – wo ist er denn und was ist mit ihm? Besonders leid tut es mir um Olja Djomina. Sie hätte eine großartige Figur werden können, oder wenigstens eine Figur, die die Haupthelden begleitet. Du aber hast sie gleich in der Kirche gelassen, zusammen mit Prow Afanassjewitsch und seinen »Segnungen«. Macht sie sich von dort im zweiten Teil des Romans wieder auf, und wenn ja, wird das nicht zu spät sein?

Merkst Du, der Du all diese Menschen aufgegeben hast, nicht, daß man die Schuld daran Lara geben wird, daß sie all das erheblich hartherziger macht, als sie sein kann, sein muß und ist?

Ja, noch etwas: sehr gerne sähe ich, daß irgendwie die Jahre der Schulzeit und Studienzeit einbezogen würden. Man möchte wissen, wie all diese Leidenschaften sich mit dem Unterricht, den Noten und den Examina verbinden, die inneren Stürme mit der äußeren Disziplin. Die Erwähnnungen, daß Lara ein braunes Kleid trug und sich an unschuldigen Schulstreichen beteiligte, und der Windeinbruch bei Napoleons Landung in Fréjus – das ist wenig, wenig, wenig!

Verzeih mir diese Mäkeleien, lieber Boris. Sie sind vielleicht schrecklich kleinlich, aber ich verneige mich doch so tief vor Deinem allmächtigen Gott der Details, liebe in Deinem Schaffen so sehr diese Verbindung des ins einzelne gehenden Schreibens mit dem breiten Schwung, Deinem weiten Raum, in dem sich die Knoten menschlicher Schicksale verflechten, lösen und zerschlagen werden, daß ich einfach anfange böse zu werden, wenn Du anfängst, Dir selbst Zügel anzulegen, Dir selbst den Raum zu nehmen und plötzlich, Deiner Art widersprechend, geizig wirst.

Ach, was brauchte dieses Buch für einen Raum. Wie schreit es danach, und wie kannst und mußt Du all das entzerren, damit es Luft gibt und keine Sauerstoffkissen. Sage mir nicht, Du wüßtest, was Du tust, und tätest, was Du weißt. Glaube mir, auch ich weiß (ohne Eitelkeit und Aufdringlichkeit) sehr genau, was Du tust und was Du möchtest und was Du tun mußt und was Du mögen mußt. Bitte, das soll nicht frech klingen, aber ganz ehrlich, es ist so! Ich nehme mir das alles so zu Herzen und ereifere mich nur deshalb so, weil ich dieses Buch von der ersten bis zur letzten Zeile liebe, weil ich will, daß es noch besser wird.

Es ist (mit Ausnahme der »Enge« hauptsächlich zwischen den Bildern, seltener innerhalb dieser) sehr rein, klar und einfach. Darin liegt seine gewaltige Kraft, seine Überlegenheit gegenüber vielem, was Du geschrieben hast. Dabei spreche ich von Klarheit und Einfachheit nicht nur im Sinne der »Verständlichkeit«, sondern von der besonderen limpidité, die Deinem Schaffen überhaupt eigen ist und die hier ihre Vollkommenheit erreicht. Großartig ist die Sprache aller Helden. Trotz der großen Personendichte gibt es in dem Buch keine überflüssigen Menschen. Wie gut ist die alte Tiwersina mit ihren Schwiegertöchtern am Zuge, neben dem Körper von Juras Vater auch die Schneiderin Faina Silantjewna, Fuflygin und seine an den Rollstuhl gebundene Frau. Gimasetdin, Wywolotschnow, Schura Schlesinger, Tyschkewitsch, Markel mit »Askolds Grab«, Emma Ernestowna, die Kornakows, Rufina Anissimowna, die beiden Romanows – ja, überhaupt alle.

Immer – so auch dieses Mal – läßt einen Deine Meister-
schaft der Definition des Undefinierbaren – des Geschmacks, des Lichts, des Geruchs auch der von ihnen aus-
gelösten Empfindungen, Stimmungen, Erinnerungen fast
erschrecken, und das, während wir unseren Kopf hinhalten
würden für die Behauptung, daß es dafür keine Worte gibt,
daß sie noch nicht gefunden oder schon verloren sind.

Tonjas Mandarin-Tuch, die Nacht in der Stadt, die jenem
Weihnachtsfest vorangegangen war, ja auch das Weihnachtsfest selbst, Lara auf der Datscha – ihr Wiedersehen
mit Wald und Erde, Laras Genesung – Rufinas Wohnung,
Juras Gebet und Ohnmacht, der Schneesturm nach der
Beerdigung, das Pferd mit den zusammengekoppelten
Fesseln im Morgengrauen, das zerschlagene Geschirr in
den Zimmern, der Geruch nach Hanf im Gelände nahe der
Front – da muß ich schon wieder ärgerlich werden, wenn
ich mich daran erinnere und diese widerliche Darstellung
heraussuche und abschreibe: »Sie badete und schwamm,
fuhr im Boot, nahm an den nächtlichen Picknicks auf der
anderen Seite des Flusses teil, ließ mit den anderen
Feuerwerke aufsteigen und tanzte.« Wozu mußt Du denn
so schreiben? Und dann auch noch über Larissa!

Boris, großartig ist dieser Schnellzug um fünf Uhr, dieser
»blitzsaubere, gelbblaue, durch den Abstand stark verklei-
nerte Zug«, der bald auf uns in Großaufnahme zukommt,
mit seiner ganzen Last an Leben und Schicksalen, von
denen eines vor unseren Augen abgebrochen wird, und wir
gehen Tiwersin nach, um auf den Selbstmörder einen Blick
zu werfen.

Wie gehorsam sind Dir und niemals künstlich all die
Fügungen und Entsprechungen, in denen Du so stark wie
das Leben selbst bist. Schrecklich liebe ich Dich schon allein
wegen der Formulierung . . . »Lara nahm im Bett ihre

Körpergröße und ihre Stellung ... mit der Wölbung der linken Schulter wahr« ..., und wie Du sie im Schlaf darstellst, wo »Mascha nicht über den Bach gehen soll«, wobei die gleichen Formulierungen »Körpergröße und Stellung« in dem einen Falle das Empfinden physischer und moralischer Gesundheit und Ausgeglichenheit bedeuten, im anderen – Tod, Verwesung, Gefangenschaft, und Mascha nicht über den Bach gehen soll!

(Ach ja, ich muß mich wegen Nikolai Nikolajewitsch entschuldigen. Du hast ihn ja nach Lausanne geschickt, was eindeutig meiner Behauptung widerspricht, Du habest ihn nicht fortfahren lassen. Doch nichtsdestotrotz ist dieses Lausanne meiner tiefen Überzeugung nach eine Notlösung des Autors und keine Entwicklung dieses Schicksals, das so große, langjährige Unterbrechungen in seiner Darstellung nicht verdient.)

Die Figuren Lara, Juri und Pawel dringen schmerzlich tief ins Herz, weil wir sie so kennengelernt haben, wie Du sie uns gabst, weil wir sie liebten und verloren haben, weil sie gestorben oder fortgegangen oder vorübergegangen sind, wie eine Krankheit, wie die Jugend, wie das Leben vorübergeht. Wie wir selbst sterben, fortgehen, vorübergehen.

Schon als kleines Mädchen dachte ich: wohin entschwindet die Vergangenheit? Wie kann denn das sein – etwas war und ist nicht mehr, wird nicht mehr sein, aber es war, war doch, es war doch ein anderes solches Mädchen wie ich, das auf dieser selben Erde gesessen und denselben Himmel gefragt hat: wo ist denn das, was war? Wo ist es, dieses andere Mädchen, das ebenso da war und genauso den gestrigen Tag suchte? Und so weiter, bis zur Erschaffung der Welt.

Dieselbe Erde und derselbe Himmel verbinden uns mit

ihnen und werden uns mit der Zukunft verbinden, wenn wir Vergangenheit geworden sind.

Gut, daß Du das gemacht hast, was nur Du machen konntest. Daß Du sie nicht alle hast namenlos und unerkannt fortgehen lassen, daß Du sie alle in Deine guten und klugen Hände genommen hast und ihnen mit Deinem Atem und Deiner Arbeit Leben gabst.

Du bist stärker und strenger geworden, klarer und weiser.

Sei bedankt.

Nimm mir meine Mäkeleien nicht übel. Versteh meinen Wunsch nach mehr Raum, nach mehr Freiheit für die, die ich kennengelernt habe, an die ich mich erinnere und die ich dank Dir liebgewonnen habe.

Morgen werde ich das Buch abschicken, ungeachtet dessen, daß ich sehr wünschte, daß es mir ganz gehört oder wenigstens wirklich lange.

Das ist natürlich noch lange nicht alles, was ich Dir sagen möchte und noch sagen werde – aber meine Zeit ist um, und ich bin auch nicht ganz sicher, daß das für Dich interessant ist.

Ich küsse Dich, mein Lieber.

Deine Alja

4. 12. 48

Lieber Boris!

Da ist aber alles ziemlich schief gegangen – das Buch hatte ich bereits am 1. abends abgeschickt, am 4. aber, heute, bekam ich Deine Erlaubnis, es länger zu behalten. Ich bin einfach verzweifelt. So sehr wünschte ich mir, es hier zu haben. Erstens möchte ich es illustrieren, zweitens möchte ich einige Stellen immer wieder neu lesen, weil Gedächnis und Phantasie sie verändern. Drittens geht mir diese Sache derart nach, ist sie so stark und übt ihre Wirkung darüber hinaus erst allmählich aus, so daß man fortwährend diese Wirkung mit dem Original, das sie hervorruft, vergleichen möchte. Verstehst Du? Vor ein paar Tagen habe ich Kodein für den Husten eingenommen und dabei die Dosis nicht berechnet, einige Zeit später aber, nicht sofort, hatte ich das Gefühl, ich würde sterben. Natürlich wird man daran kaum sterben können, aber ich verdanke doch diesem Umstand, daß ich empfand, wie das einmal sein wird. Etwa in diesem Sinne ist es mir mit Deinem Buch ergangen: als ich es zum ersten Mal las, hat mich eine Reihe von Einzelheiten einfach geärgert, die infolge der Kraft dieses Buches ein ungehöriges Ausmaß annahmen und deren Wirkung (gegen Husten!) ich für eine der wichtigsten Wirkungen des Buches hielt. Dann fühlte ich mich so, wie sich Jack gefühlt hätte, wenn Olja Djominas Rat hinsichtlich des kleingestampften Glases »in die Tat umgesetzt worden wäre«, da ergriff von mir das Wesentliche Besitz und wuchs und wuchs, vor allem, nachdem ich mich von den Kleinigkeiten gelöst hatte.

Viel möchte ich Dir erzählen, aber ich bin so müde, so kraftlos, daß ich – welch unerwartete Folge – den Eindruck habe, bald nur noch zum Wasserschleppen geeignet zu sein.

Ich küsse Dich.

Deine Alja

Boris, mein Lieber!

Ich habe Dir auf Deinen Brief auch diesmal wieder wegen
der ständigen Belastung und des allgemeinen Durchein-
anders nicht geantwortet, aber ich war sehr froh darüber,
daß Du mir meinen kleinlichen Ansatz zu Deinem
großen Buch nicht übel genommen hast. Tust Du das
überhaupt irgendwann? Ich nicht, kann nur manchmal
wütend werden, aber ich nehme nie übel – übrigens,
lassen wir das, davon wollte ich Dir überhaupt nicht
schreiben. In einem alten Eingangsbuch der Schulbiblio-
thek fand ich die Eintragung: »L. Pasternak, Album, 40
Rubel«, vom Album selbst gab es in der Bibliothek nicht
die geringste Spur, auch nicht in den Karteien. Dennoch
hat mich meine Intuition das Buch und den Menschen
finden lassen, bei dem es schon über ein Jahr liegt. Du
wirst es sicher haben, es ist so ein großes, mit blauem
Einband, mit vielen Reproduktionen, eine Ausgabe von
1932, der Text stammt von Max Osborn. Unser Buch hat
die Widmung: »Meinen lieben Freunden Warja und
Ossip in Liebe, Leonid Pasternak, B. 1934.« Wie mag das
Buch hierher geraten sein, wer sind Warja und Ossip? Bei
uns weiß das keiner, Du wirst das auch kaum wissen,
aber vielleicht erinnerst Du Dich doch an eine Warja und
einen Ossip? Schreib mir, mich interessiert das sehr.
Unsere Schule hat im letzten Kriegsjahr irgendwo im
Kreis Rjasan einen Teil unserer Kunstbücher gekauft. Es
handelte sich um den Nachlaß irgendeines alten Malers,
dessen Namen keiner von uns kennt. Ob das vielleicht
dieser Ossip war? Noch etwas: ich fand unter verschiedenen Reproduktionen in unserer Bibliothek, mitten
zwischen lauter Müll, ein paar Architekturreproduktio-
nen, wobei einige mit Tusche verbessert waren, offen-

sichtlich vom Autor (Bäume, Fenster, Gitter waren
ausgeführt, einiges schraffiert, manches durchgestrichen).
Ich bin mit meinen Gedanken dieser nachträglichen
Überarbeitung nachgegangen, habe mir gleich vorgestellt,
wie er nach vielen Jahren auf diese eigenen alten Arbeiten
gestoßen ist, sie mit neuen Augen anblickt und alles mit
ein paar reifen und frischen Strichen und Linien umbaute
und umfunktioniert hat. Die Unterschrift lautet »Noa-
kowski«. Ich hatte von so jemandem noch nie etwas
gehört. Ich kenne überhaupt keine Architekten. Aber
diesen Namen fand ich vor ein paar Tagen in Sidorows
Buch über Rerberg »Bedeutender Architekt und Päd-
agoge«. Da mußte ich an eine Verbindung zwischen den
Arbeiten Noakowskis, dem Buch Deines Vaters, Warja
und Ossip denken. Ob das Buch von Pasternak aus der
Bibliothek Noakowskis hierher gekommen ist? Ob die
Reproduktionen Noakowskis aus der Bibliothek Ossips
hierher kamen? Wer von ihnen lebt, wer ist im Gebiet
von Rjasan im letzten Kriegsjahr gestorben? Oder gibt es
da überhaupt keine Beziehungen, und all das ist reiner
Zufall?

Wie gut die Arbeiten Deines Vaters sind, was für
prächtige Zeichnungen. Sie gehen mir zu Herzen. Durch-
dringend und beflügelt, da ist eine große Ähnlichkeit
zwischen euch, nicht Ähnlichkeit, sondern Verwandtschaft, eine größere als die Blutsverwandtschaft. (Früher
hatte ich nur seinen Tolstoi gekannt und Dein Porträt,
das, wo die Backenknochen hervortreten, das mit den
zerzausten Haaren, dieses durchgeistigte, das ich sehr
liebe.) Viel aus diesem blauen Buch paßt zu Deinem
letzten – vieles und viele.

Überhaupt ist diese Epistel von mir nichts als eine der
üblichen Spinnereien einer grauen Stute – ich versuche,

bei der Arbeit zu schreiben, im Lärm und Menschenge-
wirr. Das blaue Buch liegt wie ein Vogel (der blaue
Vogel!) auch hier – liegt vor mir.
Ich küsse Dich.

Deine Alja

12. I. 49
Lieber Boris!
Du bist verstummt, aber das macht nichts. Ich hoffe, in
ein paar Tagen in Moskau zu sein und Dich zu sehen –
dann rufe ich Dich an. Das ist kein Brief, sondern fast ein
Telegramm, aber jetzt sind Examina, ich arbeite fast
pausenlos Tag und Nacht, bin völlig fertig. Wie sehr
möchte ich Dich endlich sehen.

Deine Alja

26. August 1949
Lieber Boris!
Alles ist wie ein Traum, und ich kann einfach nicht
aufwachen. In Rjasan habe ich den Arbeitsplatz bald nach
meiner Rückkehr aus Moskau verlassen, konnte Dir
gerade noch einen ganz kurzen hastig hingeworfenen
Brief schicken. Man hat mich sehr schnell hierher ange-
worben (gesucht wurden Menschen mit spezieller Ausbildung und großer Berufserfahrung wie Assja und ich),
aber die Reise hierher hat an die vier Monate gedauert
und sie war überaus mühselig. Das Unangenehmste war
die Strecke von Kujbyschew nach Krasnojarsk. Quälende
Hitze, Durst, Herzbeschwerden. Von Krasnojarsk sind
wir mit dem Schiff auf dem Jenissej gefahren, irgendwie
eine weite Strecke und lange Zeit. Noch nie in meinem

Leben habe ich einen so großen, gleichmütig starken, graphisch präzisen und in solchem Maße nördlichen Fluß gesehen. Nie wäre ich auf die Idee gekommen, ihn mir aus eigenem Antrieb anzusehen. Die Taiga-Ufer gingen allmählich in die Waldtundra über, und von Norden drang die Kälte wie aus dem Rachen eines außerirdischen wilden Tieres. Sie drang heran, sie drängt heran und wird offenbar immer herandrängen. Hier muß irgendwo ganz in der Nähe eine Küche sein, wo in gewaltigen Mengen schlechtes Wetter für die entlegensten Gegenden gekocht wird. »Plötzlicher Temperaturrückgang« – das sind wir. Die Sonnenuntergänge sind hier unbeschreiblich. Nur der große Schöpfer kann dafür so viel Gold und Purpur verwenden, und dann nur das Empfinden von unvermeidlicher und unerbitterlicher Kälte – wie der Tod – vermitteln, statt von Feuer, Licht und Wärme. Kalt ist es. Jetzt schon kalt. Wie mag das weitergehen!

Man hat mich in dem Dorf Turuchansk gelassen, dreihundert bis vierhundert Kilometer vor dem Karsker Meer. Alle Hütten sind aus Holz, es gibt ein einziges Steingebäude, das ehemalige Kloster, und das ist häßlich. Aber es dient als Kreiszentrum mit Krankenhaus, Schulen und Klub, wo Kino und Tanz einander ständig abwechseln. Die Straßen entlang trotteten Kühe und Lajkas, die man im Winter vor die Schlitten spannt, das heißt, man spannt nur diese Hunde davor, die Kühe laufen so herum. Nein, das ist nicht Rio de Janeiro, wie der selige Ostap Bender[15] zu sagen pflegte, um dann nach kurzem Nachdenken hinzuzufügen: »Noch nicht einmal San Francisco«. Turuchansk, das ist ein historischer Ort. Hier verbrachte Ja. M. Swerdlow[16] seine Verbannung. Aus einem Ort in der Nähe kommend, besuchte ihn der große Stalin persönlich, der 1915-17 in das Gebiet von

Turuchansk verbannt war. Die Alteingesessenen erinnern sich gut an die beiden. Swerdlows Haus hat man zum Museum umgebaut, aber es gelingt mir nicht, hineinzukommen, offenbar haben wir dieselben Stunden frei wie der Wächter. Arbeit sollten wir innerhalb von drei Tagen finden – aber es ist hier sehr sehr schwer, welche zu finden! So bin ich drei Tage lang von Haus zu Haus gegangen, habe überall angeklopft, um Arbeit und eine Ecke zum Wohnen zu finden. Im allerletzten Augenblick hatte ich Glück, kam als Putzfrau in der Schule mit 180 Rubel im Monat unter[17]. Meine Verpflichtungen sind nicht kompliziert, aber verschiedenartig. 22 Tage war ich zur Heumahd auf einer unbewohnten Insel, schleppte auf Tragen 100 Zentner Heu; Mücken und Schnaken haben mich bis zur Unkenntlichkeit entstellt. Alle halbe Stunde brach Regen über uns herein, das Heu wurde naß, wir auch. Dann trockneten wir wieder. Wir hausten in einem Zelt, das auch abwechselnd naß und trocken wurde. Zu essen bekamen wir sehr schlecht, weil man, ohne das Klima zu berücksichtigen, zu wenig Hafer und Brot mitgenommen hatte. Im Augenblick bin ich mit handwerklichen Arbeiten beschäftigt – Wände weißen, Bänke und sonstige Schulmöbel streichen, die riesigen Fußböden aufwischen, Holz sägen und hacken – ich arbeite zwölf bis vierzehn Stunden am Tag. Das Wasser schleppen wir selbst vom Jenissej heran – eine lange Strecke und bergauf. Von all dem oben Geschilderten habe ich Gang und Aussehen eines Pferdes bekommen. So wie in vergangenen Zeiten die Klepper aussahen, mit denen man Wasser fuhr, diese ausgemergelten, knochigen Arbeitstiere, wie das bekannte Vorführobjekt in der Anatomie. Aber die Augen saugen in alter Gewohnheit am Verstand vorbei die gewaltige Schönheit des unvergleichlichen

Sibirien in sich hinein und tragen sie zum Herzen. Nicht weniger als heimzukehren drängt es mich jede Minute wahnsinnig, zu malen und zu zeichnen. Keine Zeit, kein Papier, alles schleppe ich in meinem Herzen. Es wird bald platzen.

Die Lebensbedingungen sind kümmerlich. Bei einer halbirren alten Frau habe ich eine Zimmerecke, schlimmer als bei Dostojewski, gemietet. Überall sind Ritzen und darin Wanzen. Sie knöpft mir für dieses Vergnügen, also für die Ecke mit Heizung, genau meinen ganzen Lohn ab. Dabei habe ich nicht einmal etwas, worauf ich schlafen kann, in der ganzen Hütte gibt es nur einen Hocker und nur einen Tisch.

Ich habe mir gerade überlegt, daß ich noch nie in meinem Leben (ich werde bald 36) ein eigenes Zimmer hatte, in das ich mich hätte zurückziehen und arbeiten können, ohne jemanden zu stören und ohne von jemandem gestört zu werden. Während der letzten Jahre aber habe ich mich so sehr des Anblicks einer normalen menschlichen Behausung entwöhnt, daß mich, als ich Wera Inber besuchte, der Anblick der Sessel, Schränke, Sofas und Bilder einfach schrecklich bedrückte. Bei Dir hat es mir dagegen schrecklich gefallen, und ich wollte alles mit den Händen berühren. Mit einem Wort, ich bin entsetzlich herabgekommen und menschenscheu geworden in all diesen Jahren. Man müßte mich lange, lange verhätscheln, damit ich mich daran gewöhnte, daß auch ich alles darf und daß alles mir gehört. Aber mein Schicksal gehört nicht zu den verhätschelnden, nein, nein, und ich kann es immer wieder nicht glauben, daß ich für mein ganzes Leben ein Stiefkind sein soll, immer wieder träume ich, daß ich plötzlich aufwache und alles gut ist.

Nach der Rückkehr von der Heumahd hatte ich lange

damit zu tun, meinen Ausweis zu erhalten, und dann schließlich händigte man mir Deine Überweisung aus. Sei bedankt, mein Lieber, und verzeih, daß ich so eine Bittstellerin geworden bin. Bitten – sogar Dich – ist einfach entsetzlich. Und entsetzlich ist es, jetzt hier in dieser Hütte zu sitzen und deshalb zu weinen, weil man wie ein Pferd arbeitet und sich nicht einmal Stallplatz und Futter erarbeiten kann. Wer braucht, wem nutzt, wen freut meine Arbeit? Immerzu muß ich an Mama denken, Boris. Ich erinnere mich an sie sehr gut, sehe sie fast jede Nacht im Schlaf. Sicher sorgt sie für mich – ich lebe ja noch.

Als ich das Geld bekam, habe ich mir, weißt du, eine Wattejacke, einen Rock und Schuhe fürs Haus gekauft, ich kaufe mir auch unbedingt noch Filzstiefel. Dann habe ich für den ganzen Winter das Holz bezahlt, habe mir ein ganz kleines bißchen von dem, was mir an Eßbarem unter die Augen kam, gekauft, und dieses ganz kleine bißchen habe ich sofort aufgegessen wie ein Held bei Jack London. Diese Einzelheiten sind für Dich wahrscheinlich nicht interessant?

Lieber Boris, Deine Bücher sind wieder »zu Hause«, das heißt in Rjasan geblieben. Ich bitte Dich sehr: stelle mir einen kleinen Buchbestand zusammen. Ich muß einfach immer Deine Bücher bei mir haben, hätte sie nie zurückgelassen, aber es mußte so sein. Ich bitte Dich sehr, schicke mir von Dir, was Du hast, sowohl Gedichte als auch die Shakespeare-Übersetzungen. Auch hätte ich gern jede Prosa von Dir, wenn es möglich ist. Auch »Die frühen Züge«, dann schick mir noch, wenn es möglich ist, Briefpapier und irgendwelche Hefte. Hier kann man so etwas überhaupt nicht auftreiben.

Ich bin glücklich, daß ich Dich gesehen habe. Ich schreibe Dir darüber ein anderes Mal. Wie gut, daß es

Dich gibt, mein lieber Boris! Ich möchte so sehr gern eine kleine Nachricht von Dir bekommen, sobald wie möglich. Erzähle mir von Dir. Hier gleichen die Wolken oft Deiner Handschrift, dann ist der Himmel wie eine Seite Deiner Handschrift, und ich werfe das Joch ab und lese sie. Und dann wird alles in mir gut.

Ich küsse Dich, hab Dank.

Deine Alja

20. November 1949

Lieber Boris!

Dein hinreißender Shakespeare ist schon vor längerer Zeit bei mir angekommen, aber ich wollte auf keinen Fall in Hetze und Kürze darauf antworten, wartete die ganze Zeit auf einen wirklich freien Abend, um mit Dir allein zu sein – ungeachtet der Entfernung, und mit ihm (also mit Shakespeare!) ungeachtet der Jahrhunderte, die uns trennen, und schließlich mit mir selbst, ungeachtet all dessen, was es auf der Welt gibt. Aber es kommt nicht dazu. Solche Abende warten auf mich offenbar erst im Jenseits. Vorläufig aber muß ich Dir so schreiben, wie ein hungriger Hund einen Bissen runterschlingt – ganz krampfhaft.

Ich erinnere mich, irgendwann einmal Mama geschrieben zu haben, Freude würde jetzt nur schmerzen, würde augenblicklich das Gefühl eines stechenden Schmerzes hervorrufen – so war es, wenn ich ihre Briefe bekam. In der Tat, das Leben hat einen derartig an Schläge gewöhnt, daß man von ihm gar nichts anderes mehr erwartet – und mit gutem Grund. Plötzlich, inmitten des Schnees, Schnees, Schnees und noch tausendmal mehr Schnees, inmitten der wie Panzer bewehrten Flüsse, der vor Frost gläsernen Bäume, der wie schlecht gebackenes Brot schiefstehenden Holzhütten, inmitten all dieses Wahnsinns am äußersten Ende der Welt – plötzlich Deine zwei Bände Übersetzungen, Deine geflügelte Handschrift, und sofort fällt es wie Schuppen von den Augen, schlägt das Herz wieder frei, wird die verkümmerte innere Welt durch die Erschütterung zu einer wahren Welt, richtet die Seele ihr Rückgrat auf. Weh tut es, weh vor Freude, wie Mamas Briefe wehtaten, wie eine Begegnung mit Dir, wie die Begegnung mit dem Buch Deines Vaters in der Bibliothek der Kunstschule von Rjasan, wie die Begegnung mit dem Deinen, »Lüwers Kindheit«[18], dort, wo es keine Lüwers und keine Kindheiten gibt.

Für einen gewissen Zeitraum – außerhalb der Zeit – wird das Leben zur Schwester, dann aber geht alles wieder von vorne los. Schnee, Schnee, und noch abertausendmal Schnee. Dieses Weiß ruft bisweilen das Gefühl der Blindheit hervor, das heißt, das absolut Weiße kommt einem wie das absolut Schwarze, wie eine Sehstörung vor. Der Norden peinigt einen dadurch, daß er so ein Albino ist, man sehnt sich nach etwas Rotem, Blauem und Grünem, so wie man sich bei eintöniger Diät krankhaft nach etwas Saurem, Salzigem, Scharfem sehnt. Es peinigt einen auch das Gefühl der allgemeinen Unbeweglichkeit, Starre, ungeachtet des pausenlosen Windes, der einen in Böen vom Atlantik, vermehrt um den Turuchansker Frost mal in die Brust, mal in den Rücken schlägt und stößt. Man kann nur sehr schwer atmen. Das Herz erträgt mit Mühe all dieses Toben, man preßt die Zähne zusammen, damit das Herz nicht herausspringt. Man hat überhaupt genug zu sorgen: während man noch die Nase reibt, erfriert einem die Hand, während man die Hand reibt, frieren die Wimpern zusammen. Der erste richtige Schnee fiel am 18. September, an meinem Geburtstag. Da schneite und schneite es, bis jetzt ist die Temperatur auf −45° gesunken, und das ist schlimmerweise noch lange nicht die Grenze der Möglichkeiten in Turuchansk.

Der Frühling wird im Juni beginnen.

Meine Arbeit ist stupid und anstrengend. Vierzehn bis sechzehn Stunden am Tag. Ich bin schrecklich müde, schlafe ganz wenig und finde durchaus nicht immer Zeit zum Essen. Ich lebe in einer Hütte, in der es durch alle Ritzen zieht, bei einer Frau, einer ehemaligen Kulakin, die bis heute nicht begreift, wo ihre dreißig Stück Rindvieh, ihre fünf Nähmaschinen (von den Landmaschinen ganz zu schweigen) und ihre sieben Samoware geblieben sind, warum es sie nicht mehr gibt. Umgeben ist sie von ihrer Verwandtschaft und von Not. Daher ist es bei uns immer voller Leute, voller Not und eng. Allein bin ich nur auf dem Wege von der Arbeit oder zur Arbeit, aber dann ist der Frost ein Weggefährte, bei dem man seine 15-20 Minuten Alleinsein nicht sonderlich schätzt. Sie hat einen Hund, eine rote Lajka mit dem jüdischen Namen »Rosa«, der überhaupt nicht zu ihr paßt. Ich bin anscheinend das einzige Wesen, das gelegentlich Versuche unternimmt, sie zu füttern und zu streicheln. Rosa schläft draußen, ihre Schnauze ist morgens immer bereift. Wenn sie mich sieht, tanzt sie immer eine Hunde-Segmudilla, dann gehen wir beide zur Arbeit, jeder zu der seinen, sie zieht Wasser und Holz. So vergeht unser Leben.

Im Klub, dem sogenannten »Kreiskulturhaus«, wo ich arbeite, gibt es oft einen Film. Einst, als kleines Mädchen, hatte ich Filme sehr gern, jetzt kann ich sie nicht mehr ertragen. Alle ihre üblichen Attribute – Masken, Dekorationen, Kunstlicht – belasten. Ich schaue mir nie einen

Film an, habe keine Zeit und keine Lust. Vor ein paar Tagen sah ich beim Heimweg von der Arbeit, als ich durch den dunklen Saal ging, zufällig ein paar Bilder des amerikanischen Films »Romeo und Julia«. Julias Lippen waren schwarz vor Schminke, ihre Haare aufgeplustert, wie bei den »Kleinen Frauen« von Luise Olcott, sie säuselte Tingel-Tangel-Deshabillé, näselnd im reinsten amerikanischen Akzent mit einem argentinischen Romeo, einer Art argentinischem Figaro. Irgend etwas zwitscherte hinter einem geschwungenen Fenster, so ein Zwischending zwischen Nachtigall und Lerche. Die Leinwand bog sich unter der Last des mit Hollywoodpracht aufgedonnerten Doppelbetts.

Ich ging natürlich rasch durch den Raum, aber als ich müde und schläfrig bis zum Geht-nicht-mehr nach Hause kam, holte ich mir Deine Übersetzung von »Romeo und Julia« heraus. Eine schreckliche, leidenschaftliche, grenzenlos einfache und unsagbar lebensnahe Sache. Zeitgemäß und archaisch wie das Leben selbst. Was bist Du für ein prächtiger Kerl, Boris! Hab Dank für den Shakespeare, für Dich selbst. Sei bedankt für alles, mein Lieber. Ich finde die Worte so schwer, und wenn ich sie finde, dann stottere ich schrecklich – ich hoffe, daß Du dennoch alles verstehst, was ich sagen möchte, aber nicht kann.

Ich habe überhaupt keine Bücher. Ich hätte so gerne Deine »Frühzüge«[19]. Überhaupt alles von Dir, was möglich ist. Wenn es nicht zu schwierig ist. Wenn es schwierig ist – auch dann.

Ich küsse Dich innig. Schreibe mir.

Deine Alja

Wie wunderbar die Bücher gemacht sind!

20. Dezember 1949

Meine liebe arme Alja!
Verzeih, daß ich nicht schreibe, daß ich Dir auch jetzt nicht schreiben werde. Ich flehe Dich an, sei stark, sei tapfer, wie Du es gewohnt bist, so wie Du es gelernt hast, sei es auch in dem Augenblick, wenn Du meinst, es sei zwecklos oder wenn Dich der Mut verläßt.

Du bist eine großartig, kluge Frau, so etwas muß man bewahren. Wie gut Du alles siehst, beurteilst, verstehst, wie treffend Du schreibst! Noch ehe ich Deinen Brief bekam, saß ich bei Jelisaweta Jakowlewna[20], und Sinaida Mitrofanowna[21] las einen Brief von Dir vor, den sie gerade bekommen hatte. Was für ein Durchdringen! Was für eine Tiefe! Was für eine Klugheit – wunderbar, einfach wunderbar.

Von mir ist nichts zu berichten, alles läuft wie gewohnt, nur meine liebe Traurigkeit[22] ist ins Unglück geraten, so ähnlich wie Du früher einmal.

Sobald ich die Möglichkeit habe, schicke ich Dir ein paar Bücher oder sonst noch etwas, wenn es geht.

Von Herzen wünsche ich Dir alles Gute.

Dein B.

5. 1. 50

Lieber Boris!
Soeben habe ich Deinen Brief bekommen, den ersten hier. Hab Dank. Ich schreibe Dir wohl nicht zum ersten Mal, daß Deine Handschrift mich immer, mein ganzes Leben lang, an Vögel erinnert, an die Schwünge mächtiger Flügel. So hatte ich auch jetzt eben, als ich auf den Umschlag blickte, das wunderbare Gefühl, daß allen Gesetzen zum Trotz alle Kraniche und alle

Schwäne zurückgekehrt sind. Wie traurig war es, als sie wegflogen, alle diese Schwärme, in Dreiecken wie Feldpostbriefe geordnet![23] Den Horizont bewachten in Reih und Glied aufgestellte kerzengerade Fichten, schwer wälzte der Jenissej seine Wellen vor sich her, kalte Böen durchschnitten die Luft. Eine ins Mark gehende, großartige Sache ist dieser Norden! Ich habe viele Winter im Norden durchlebt, doch keinen so Stunde um Stunde, Minute um Minute empfunden wie diesen. Er übt schon einen besonders schweren Druck auf die Seele aus, sogar durch seine Schönheit. Vielleicht liegt das daran, daß diese Schönheit absolut jegliche Anmut entbehrt. An sich wäre ich ihr gegenüber wohl gleichgültig, wenn ich nicht spürte, wie sehr sie mir überlegen ist.

Ich verzweifle nicht, Boris, ich bin einfach wahnsinnig müde: Rundum von Kopf bis Fuß, außen und innen. Übrigens, vielleicht nennt man das Verzweiflung?

Deine Traurigkeit[24] hat mich sehr betrübt, vor allem Deinetwegen. Ich würde gern dazu etwas sagen, aber dieser Schnee bringt einen so zum Schweigen! Ich kann nur an Dich denken und mit Dir fühlen, Dich fühlen.

Was kann ich Dir von meinem Leben erzählen? Ich arbeite unendlich viel und grenzenlos stupide, versuche ein Künstler ohne Farben und ohne Pinsel zu sein, und das kostet nicht nur die ganze Arbeitszeit, sondern auch fast die ganze übrige Zeit. Immer nehme ich es als eine ganz große echte Freude wahr, daß ich unter einem Dach und nicht unter dem offenen Himmel, der allen Winden, Schneestürmen und Frösten ausgesetzt ist, arbeite. Und wenigstens mehr oder weniger auf meinem Spezialgebiet. Unter den gegebenen Bedingungen ist das ein großes Glück.

Untergebracht bin ich recht kümmerlich, vor allem habe ich keinen eigenen Platz. In den seltenen freien Minuten bin ich immer zur Gemeinsamkeit mit Menschen verurteilt, mit denen ich weder eine gemeinsame Sprache noch gemeinsame Interessen habe, mit denen ich aber, was am wenigsten angenehm ist, gemeinsam wohnen muß. Ewig peinigt mich die Kälte, ungeachtet dessen, daß ich das, was ich selbst erarbeite und das, was man mir schickt, in Brennholz umsetze. Aber all das ist erträglich, all das sogar nicht ohne Interesse, würde man wissen, daß Korolenkos hoffnunggebende Feuerchen vor einem und nicht hinter einem sind. Doch jetzt habe ich zum ersten Mal in meinem Leben nichts, worauf ich hoffen könnte, ich kann aber nur leben, wenn ich einem Hoffnungstraum folge, wie der Esel dem Klettenbüschel, das an den Stock des Treibers gebunden ist.

Du schreibst, ich sei eine kluge Frau. Ich aber wäre ganz bestimmt ganz erheblich lieber das letzte Dummchen in Moskau als die klügste Frau in Turuchansk.

Deinen Shakespeare lese ich immer und immer wieder. Ich hüte ihn wie meinen Augapfel und gab ihn, stell Dir vor, einem ganz unbekannten jungen Mann in die Hände, der versucht hatte, in der hiesigen kleinen Bibliothek Deine Gedichte zu bekommen. Er hat ihn mir völlig unversehrt zurückgegeben, er hat ihm sehr gefallen, aber er hat gesagt, es sei ihm schwergefallen, bis zu Dir durch den Shakespeare vorzudringen, hat sehr gebeten, nur Deine Gedichte zu bekommen, aber ich habe ja nichts. Ich erinnere mich nur an Auszüge über das Meer aus »1905« und an den Weihnachtsbaum aus den »Frühen Zügen«. Bis jetzt weiß ich nicht, was das für ein junger Mann ist, offenbar irgendein Geologe oder Geometer oder irgend so ein anderer »Geo«. Er wird ja sicher selbst schreiben.

Es ist Zeit, daß ich mich an das alltägliche Nichts mache. Ich küsse Dich innig und liebe Dich. Dank für alles.

Deine Alja

19. Januar 1950

Meine liebe Aletschka,
hab Dank für Deinen Luftpostbrief vom 5. Januar, Du Gute. Wieder werde ich Dir nichts schreiben, nicht aus Mangel an Zeit oder wegen irgendeiner »Bedeutung« meiner Angelegenheiten, sondern weil es nicht möglich ist, Dir von meiner Haupttraurigkeit zu erzählen, das wäre dumm und unbescheiden und außerdem aus tausend anderen Gründen unmöglich.

Das, was ich Dir sagen müßte, was zu wissen für Dich schön und beglückend wäre, das ist folgendes: Wenn Du ungeachtet dessen, was Du alles durchgemacht hast, so lebendig und so ungebrochen bist, dann ist das nur der in Dir lebende Gott, die besondere Kraft Deiner Seele, die letztendlich immer triumphiert und singt, die einen wahren Weitblick und Durchblick hat! Dort liegt die echte besondere Quelle dessen, was Dir noch widerfahren wird, die geheime Zauberquelle Deines künftigen Seins, von dem Dein gegenwärtiges Schicksal nur ein vorübergehender äußerlicher, wenn auch sich schrecklich lang hinziehender Bestandteil ist.

Ginge es nur um Deine Begabung, würde ich mich nicht so darüber auslassen. Aber es gibt noch die Gabe einer höheren magischen Einwirkung auf den Lauf der Dinge und Gang der Umstände. Daß Du wie eine Verzauberte durch all dieses Unglück gehst, dieses Wunder hat auch etwas Schöpferisches, ist das Deine und geht von Dir aus.

Glaube nicht, ich würde eine Romanze mit Dir anfan-

gen, würde versuchen, Dich in mich verliebt zu machen
oder irgend etwas dergleichen (ich liebe Dich ohnehin),
doch paß auf, was du k a n n s t : Dein Brief blickt mich an
wie eine lebendige Frau, er hat Augen. Man kann ihn an
der Hand fassen, und da fängst Du noch an zu diskutie-
ren! Ich glaube an Dein Leben, Du meine arme Märtyre-
rin, und – gedenke meiner Worte – Du wirst es noch
erleben . . . !

Ich habe versucht, Dir hier etwas zu beweisen, ohne mir
selbst genügend Klarheit verschafft zu haben. So etwas
gelingt nie . . . Ich habe Dir ein bißchen Geld geschickt
und zwei, drei Bücher. Wenn endlich der Goethe-Band
mit dem ersten Teil des Faust in meiner Übersetzung
erschienen ist und ich Sonderdrucke bekomme, werde ich
Dir etwas schicken. Ich küsse Dich innig.

Dein B.

31. 1. 1950

Mein lieber Boris,
das ist kein Brief, sondern nur eine Notiz, die Hals über
Kopf in dem mich umgebenden Durcheinander und
Gewure entsteht. Ich habe alles, was Du geschickt hast,
bekommen und danke Dir für alles sehr. Deine Gedichte
haben wieder, zum wievielten Male, meine Seele erschüttert, haben alle ihre Krücken und Stützen zerbrochen,
haben sie am Kragen gepackt und geschüttelt, haben sie
auf die eigenen Beine gestellt und befohlen: lebe! Lebe in
deiner ganzen Größe, mit wachen Augen, mit offenen
Ohren, weiche nicht aus, drück dich nicht, ruh nicht aus
und bleibe hinter deinem Schicksal nicht zurück! Wahnsinnig und grenzenlos liebe ich Deine Gedichte seit
meiner Kindheit und werde sie bis zu meinem letzten

Atemzug lieben, werde dies mit der ganzen Leidenschaft
der ersten Liebe und mit der ganzen Leidenschaft der
letzten, werde es mit allen Leidenschaften aller Lieben
dazwischen tun. Abgesehen davon, daß sie immer er-
schüttern, und zwar durch die Kraft und Genauigkeit,
mit der Du das Unbeschreibliche und Unausdrückbare
sagst, das nicht Wahrnehmbare, alles das, was einen nicht
nur wegen und um des täglichen Brotes willen leiden und
sich freuen läßt. Sie sind immer ein Kriterium des
poetischen Gewissens und des menschlichen Gewissens
gewesen und werden es immer sein. Ich werde Dir über
sie schreiben, wenn die Erschütterung etwas abgeklungen
ist.

Ein bißchen habe ich mich über Deinen Brief geärgert.
Du brauchst mir, mein lieber Boris, keine Hoffnung zu
machen, mich nicht zu loben, brauchst mir vor allem
nicht meine Qualitäten und Vorzüge zu beschreiben. Das
war, nebenbei oder auch nicht nebenbei gesagt, auch so
eine Krankheit von Mama, ständig ihre Umwelt mit ihrer
ungewöhnlichen Begabung, mit ihrem Talent auszustat-
ten. Ein Teil ihrer Freundschaften und die Mehrzahl ihrer
Romanzen waren im Grunde eine Wiederholung der
Geschichte von Christus und dem Feigenbaum (die so
wunderbar bei Dir ist!). Es endete immer in derselben
Weise: »Ach, was bist Du beleidigend und unbegabt!«
rief Mama dem jeweiligen Feigenbaum zu und schritt
weiter zum nächsten Feigenbaum. Von diesen allen der
erste oder besser die erste, das bin ich. Am meisten habe
ich mich darüber geägert, daß Du meinst, ich könnte
denken, hier gäbe es den Anfang von irgendeiner Romanze oder etwas in dieser Richtung. Mein Gott, diese
Romanze dauert schon mehr als 25 Jahre. Du aber hast es
bis jetzt nicht bemerkt und versuchst noch, vor irgend

etwas zu warnen oder etwas zu verhindern. Ich bin inmitten Deiner Gedichte und Porträts aufgewachsen, inmitten Deiner Briefe, die von weitem wie eine Partitur aussehen, inmitten Deiner Korrespondenz mit Mama, mittendrin zwischen euch beiden, die Ihr Euch immer nahe und die Ihr immer voneinander getrennt wart, und Du bist seit Urzeiten in mein Fleisch und mein Blut eingedrungen.

Frühere Erinnerungen als an Dich habe ich nur an Mama, und nur sie liebe ich länger. Ihr beiden seid für mich die liebsten Menschen und Dichter, ihr beide seid meine Ehre, mein Gewissen und mein Stolz. Was die Romanze anbetrifft, so gab es sie, gibt es sie und wird es sie geben, wobei wir uns nicht häufiger als alle zehn Jahre sehen, in einer Entfernung nicht unter einigen tausend Kilometern, und mit Briefen, die nicht häufiger kommen, als Gott es Dir in die Seele legt. Aber vielleicht auch ohne Begegnungen und ohne Briefe – allein durch die Entfernung.

Lieber Boris, alles, was Du mir über Deine Traurigkeit sagen könntest, weiß ich selbst, glaube mir. Ich kenne sie auswendig: hohle Nächte, quälende Tage, alle Dir nahen Menschen erscheinen wie Fremde, ein schrecklicher Schmerz im Herzen vom eigenen Leiden und von dem des anderen. Irgendwie ist es, als wäre die Haut vom Gesicht abgezogen wie nach einer Verbrennung. Tags geht es noch irgendwie, nachts aber reißt dieselbe Hand immer wieder und wieder alle Innereien, alle entrailles heraus; was ist dagegen Prometheus mit seiner Leber und was sein Adler! Wenn Du überhaupt einschläfst, dann wachst du mit einem nur auf Dich gerichteten Bewußtsein auf, das von Deinem Schlaf noch mehr geschärft ist. Wie genau und wie schrecklich denkt und erinnert es sich nachts …

Mein unendlich Lieber, verzeih mir mein Stottern, meine schreckliche, der Unfruchtbarkeit des Feigenbaums gleichende Unfähigkeit, das auszudrücken, was ich fühle, denke, weiß. Du, der Du die Sprache des Windes, des Regens und des Grases verstehst, wirst auch mich, das einfache Wesen, verstehen.

Ich küsse Dich und bin mit meinen Wünschen bei Dir.

Deine Alja.

19. Februar 1950

Liebe Alja!

Warum nennst Du Deinen großen, an Seelenkraft und Gedanken so reichen Brief eine kurze vorläufige Notiz und willst mir über das unermeßlich Viele, was Du schon darin gesagt hast, noch etwas über meine Gedichte schreiben, als sei ich ein unersättlicher Vampir – das ist doch nicht nötig, Aletschka. Die Bücher habe ich Dir nach Deinen Zeilen über den »jungen Mann« in der Klubbibliothek geschickt, für den Fall, daß sie jemand braucht.

Ich war lange krank – Grippe mit sehr hohem Fieber – und fühle mich auch jetzt noch ganz zerschlagen. Das war eine Erschütterung, die einen Strich unter mein ganzes Leben zog, war eine Art Schuldspruch, nach der Krankheit gefällt, wie nach einem Gerichtsverfahren. Schwäche und Verunsicherung bedrängten meine Seele.

Ich habe Angst, mit Dir ein Gespräch über dieses Thema anzufangen, weil jede solche Anspielung einen Sturm von Entgegnungen bei Dir auslösen wird, aber mein Abstrampeln als Autor hat sich in meinem Leben allzu lange hingezogen. Viele haben sehr viel früher aufgegeben, das ist doch ein Mißverständnis. Ich habe mich seit langem abgefunden und verfolge ohnehin nie irgendwelche Absichten.

Ich freue mich, daß ich im praktischen Sinne für meine Familie und ein paar nahe Freunde notwendig bin und möchte auch für zwei, drei geliebte Menschen wie Dich notwendig sein. Die Notwendigkeit, etwas zu verdienen, die, gebe es Gott, noch lange erhalten bleiben möge, verleiht mir in meinen Augen eine Existenzberechtigung. Als Mittel zum Gelderwerb aber bleibt mir nur die literarische Übersetzung. An etwas anderes ist nicht zu denken, alles hatte seine Zeit, und ich muß für die Vergangenheit dankbar sein.

Es fällt mir schwer zu schreiben, die Schwäche zeigt sich sogar in der Handschrift. Ich küsse Dich.

Dein B.

Teile bitte Assja mit, daß ich nicht auf dem Damm bin und ihr nicht so bald schreiben werde.

22. Februar 1950

Liebe Alja!

Ich habe Dir vor ein paar Tagen im Zustand großer Niedergeschlagenheit geschrieben und in einer wahrscheinlich so großen intellektuellen Schwäche, daß ich nicht sicher bin, ob in dem Brief die Gesetze des Sinnzusammenhangs und der Satzbezüge gewahrt geblieben sind – laß den Brief unbeachtet.

Ich fühle mich jetzt erheblich leichter, mach Dir keine Sorgen um mich. Eine Überlegung aber, die ich dort geäußert habe, bleibt in Kraft. Bilde Dir bitte nicht ein, daß Du mir gegenüber in irgendeiner ethischen Schuld stündest, daß Du mich von irgend etwas unzureichend überzeugt habest, etwas nicht zu Ende gesprochen oder zu Ende geschrieben habest. Die Schönheit und Kraft

Deiner Worte war immer reich genug, ich fühle Deine
Liebe und weiß um sie, und ich bin stolz auf Deine
Begabung und Deine Beseeltheit. Ich weiß alles, verschwende keine Zeit und keine Kräfte für mich. Du
brauchst sie ohnehin, brauchst sie für Dich unter Deinen
ungeheuerlichen Lebensbedingungen. Ich rede ohne Um-
schweife, das sind klare Gründe, es gibt keine anderen.

Alle guten Wünsche für Dich. Wenn ich die Zeit und die
Möglichkeit habe, werde ich wieder von mir hören
lassen. Hab Dank.

Dein B.

6. 3. 1950

Lieber Boris!

Ich habe Deine beiden Grippebriefe bekommen, einen
nach dem anderen. Nein, mein lieber Boris, ich bin sehr
weit davon entfernt, mich vor dir »in irgendeiner Schuld
zu fühlen«, auch von dem Gedanken, ich könnte oder
müßte Dir irgend etwas »beweisen«. Sind wirklich meine
Briefe, meine Briefversuche, in meinem Alter schon so
zudringlich und ermüdend geworden und fordern sie aus
rein menschlicher Verpflichtung eine Antwort wie die
von Assja? (Ich kenne im Leben keine quälendere
Lektüre!) Als ich Deine mit unverbrüchlichen Freund-
schaftsbeteuerungen schmackhaft gemachten Zurecht-
weisungen las, fühlte ich mich »militante No. 2« und war
schrecklich verunsichert. Weißt Du, wenn ich Dir schreiben will, vielleicht über Deine Gedichte, dann will ich das
durchaus nicht aus irgendeinem Pflicht- oder Freund-
schaftsbewußtsein heraus, sondern einfach, weil es für
mich eine sehr große Freude bedeutet, die um so größer
ist, weil ich sonst überhaupt keine mehr habe. In meinem

früheren, jetzt kaum noch glaubhaften Leben hatte ich alles – und dazu die Gedichte. In meinem jetzigen Leben hatte ich nichts. Dann trafen Deine Gedichte ein. Und sofort war alles wieder da, weil in ihnen alles ist: das Vergangene, das Künftige, das Ewige, alles, wovon die Seele lebt. Das war es, wovon ich Dir erzählen wollte, aber offenbar ist mein ganzes hiesiges Dasein so von Sorgen und Ungewißheit ausgefüllt, daß ich nichts außer Sorgen und Ungewißheit ausdrücken konnte. Ich weiß aus eigener Erfahrung, wie ermüdend und überflüssig solche Briefe sind, auch solche Menschen, so sehr man sie auch liebt, achtet und Mitgefühl mit ihnen hat. An all dem sind mehr meine blödsinnigen Lebensbedingungen als ich selbst schuld. Wirklich, alle diese ausweglosen Fröste von unter 50 Grad Kälte, die Enge und die Dunkelheit in der Hütte, die Unsicherheit des Arbeitsplatzes und der unterdrückte, unterprivilegierte Zustand stellen alles irgendwie auf den Kopf, so wie bei »Alice im Wunderland«. Ich werde Dir nicht mehr schreiben, um Deine Grippe nicht zu verschlimmern, weder die sogenannte noch die seelische.

Ich hatte Dir auch noch deshalb schreiben wollen, weil Du selbst von Dir vieles nicht weißt, das heißt nicht von Dir, sondern von Deinen Gedichten. Vor einigen Tagen bekam ich den Brief einer jungen Freundin, einer Studentin der Literaturfakultät, die vor dem Examen steht. Sie hat sich von ihrem Mann getrennt, hat ihren dreijährigen Sohn der Großmutter übergeben und ist zu irgendeinem Jüngling gezogen, zu dessen Lob sie nur vier Worte schreibt: »Wunderbare Haare, glühender Pasternak-Verehrer«. Da sie durchaus kein Dalila-Typ ist, geht es hier offensichtlich nicht um die wunderbaren Haare. Mich hat die Geschichte erheitert und gerührt, ich kann mir so lebhaft vorstellen, wie der Besitzer der oben erwähnten Haare und einiger Bücher mit Deinen Gedichten diese 23jährige Frau mit ein paar von Deinen Regengüssen und Gewittern, mit dem »Walzer mit Träne« und »Weihnachten« bezaubert hat, wie er ihr Leben zerstört und sie mit den »Frühzügen« irgendwohin vor die Tore Moskaus entführt hat, wo sie sich auch jetzt befindet und so lange vollkommen glücklich sein wird, bis sie begreift, daß all das eine Art Plagiat ist. Es sind doch Deine Gedichte. Und was die Haare anbetrifft, so kann er schließlich eine Glatze bekommen!

Du kennst sie nicht, weder ihn noch sie, noch die vielen vielen anderen, denen Deine Gedichte dieselbe Freude bereiten, die auszudrücken mir so gar nicht gelingen will. Ich will es auch jetzt gar nicht erst versuchen.

Vor ein paar Tagen besuchte uns unser zum Abgeordneten im Obersten Sowjet bestimmter Kandidat. Es herrschte fürchterlicher Frost, doch die gesamte Bevölkerung von Turuchansk war auf den Beinen, um ihn zu begrüßen. Die Jungen waren auf Pfähle und Zäune geklettert, die Musiker hatten ihre Trompeten mit Alkohol gespült, die Kehlen auch, und übten den Marsch »Der Sowjetheld«. Die Arbeiter und Angestellten trugen Fahnen, Porträts, Plakate und Losungen, die vor dem tristen Schneehintergrund besonders kräftig leuchteten. Da tönte vom Flughafen das Klingen der Schellen herüber. Wir wußten, daß es vom Flughafen kam, aber es wirkte so, als ob er von allen vier Seiten gleichzeitig auf uns zukäme, so klar ist hier die Luft und so stark das Echo. Als schließlich die Schlitten mit den kleinen zottigen und schnellen Pferdchen auftauchten, da schrien alle »Hurra!« und stürzten auf den Kandidaten zu. Nur war es in dem allgemeinen Durcheinander schwierig festzustellen, wer es denn war. Er hatte sehr viele Begleitpersonen, und alle hatten gleich rote wie vom Frost verbrühte Gesichter. Und weiße Schafspelze. Zuerst dachte ich, ich sei schon eine alte Frau und es gehöre sich für mich nicht zu laufen und zu rufen, dann aber hielt ich es nicht aus und raste mitten unter den Jungen, Deichseln und Losungen irgendwohin, sprang über Flechtzäune, wühlte mich durch Schneewälle, schrie »Hurra« und kehrte schrecklich zufrieden zur Arbeit zurück, die Filzstiefel voller Schnee, heiser und mit Schaum vor dem Mund.

Du weißt, wie sehr ich alle Demonstrationen, Feiern, Volksfeste und sogar die Jahrmärkte liebe, wie sehr ich die russische Volksmasse mag. Kein Theater, keine »geplante« Veranstaltung hat mir jemals ein so großes Vergnügen bereitet wie irgendein Volksfest, das einfach auf der Straße einer Stadt oder eines Dorfes lossprudelt.

Das, was Mama nicht ausstehen konnte.

Wieder habe ich Dir lauter dummes Zeug geschrieben, etwas, was Du in Deinem jetzigen Leben überhaupt nicht brauchst. Wie gut kann ich es mir vorstellen, es spüren, ich kenne es einfach!

Ich küsse Dich innig, sei nicht mehr krank!

Deine Alja.

29. März 1950

Liebe Alja!

Ich habe Deinen wie immer großartigen Brief als Antwort auf meine Grippebriefe erhalten und antworte wie üblich kurz und in Eile.

Wie wunderbar schreibst Du über den Besuch des Abgeordneten, sein Eintreffen und über Dich selbst. Du

weißt das allein. Auch über das Pseudothema »militante
No. 2« läßt Du Dich großartig aus. Auch das weißt Du
bestens. Ich küsse Dich innig.

Wenn ich Dir den Band »Auferstehung« mit einigen
Illustrationen von Vater aus Vergeßlichkeit zum zweiten
Male schicke, dann verzeih mir und schenke das Buch
irgendwem sonst. Ich habe in das Buch ein paar Blätter
mit neuen Gedichten gesteckt, die Fortsetzung früherer
(aus dem »Roman in Prosa«), ich habe sie im November
und Dezember geschrieben. Sie werden Dich zunächst
abstoßen, Dir unklar und allzu (unkünstlerisch) persönlich vorkommen. Doch wenn Du Dich bei erneutem
Lesen nach einiger Zeit mit ihnen anfreunden kannst, und
wenn Dir das, was ich Dir jetzt vorschlage, sinnvoll,
erfüllbar und möglich scheint, dann schreibe sie ab (und
sei es mit der Hand) und schicke sie Assja.

Es ist aber eine Frage, ob sie Dir überhaupt mit der Post
zugestellt werden, denn ich habe sie in ein Buch gesteckt,
und das ist vielleicht verboten.

Ich habe mich über Deinen Brief auch deshalb gefreut,
weil ich anfing, mir Sorgen um Deine Gesundheit zu
machen.

Dein B.

Bei mir hat sich nichts verändert, aber ich bin selbst
gesund und arbeite viel und gut.

Schreibe mir, wenn Du alles bekommen und Dich mit
Assja in Verbindung gesetzt hast.

29. März 1950

Liebe Alja!

Ich habe Dir heute einen Luftpostbrief geschrieben, aber ich habe auf der Post noch ein paar andere Sendungen aufgegeben und erinnere mich jetzt nicht mehr genau, ob ich ihn in den Kasten gesteckt habe. Es ist durchaus möglich, daß er dort unter irgendwelches Packpapier geraten, in einem Papierkorb gelandet und nicht auf dem Wege zu Dir ist.

In dem Brief standen ein bißchen ausführlicher als jetzt hier (Du brauchst das also nicht zu bedauern) meine Begeisterungsausbrüche über Deine Schilderung des Besuchs des Abgeordneten und darüber, wie Du Dich pseudoverleumdest (militante No. 2), wobei Du alles bestens weißt und verstehst.

Außerdem hatte ich einige Bitten:

1. Für den Fall, daß ich Dir den an Dich abgeschickten Band »Auferstehung« schon einmal geschenkt habe, bat ich Dich, meine Vergeßlichkeit zu entschuldigen und das Buch irgendwem sonst zu schenken.

2. Ich bat Dich, falls Du Dich schließlich und endlich an die paar Gedichte, die ich in den Band »Auferstehung« gesteckt hatte (die Fortsetzung der Gedichte »Aus dem Roman in Prosa«), gewöhnt hättest und sie Dich nicht mehr abstoßen und falls Du dies möglich und zweckmäßig fändest, daß Du sie abschreiben und Assja schicken solltest. Ich habe sie zu Beginn des Winters geschrieben.

Du lieber Freund, es ist dumm, daß ich erst den Brief in unmenschlicher Eile geschrieben habe, dann so schlau war, ihn zu verlieren, und dadurch dieses noch schlimmere, gehetzte Geschreibsel ausgelöst habe.

Verzeih mir. Ich küsse Dich.

Dein B.

10. April 1950

Lieber Boris!

Deine Briefe, beide, trafen bei mir am selben Tag und zur selben Stunde ein – auch das Buch, auch die Gedichte. Ich danke Dir.

Zu den Gedichten: unter allem, was ich jemals von Dir gelesen habe, gibt es und gab es nichts, was mich »abstieß«, das kann es eigentlich auch nicht geben, zu groß ist die Anziehungskraft Deiner Gedichte, als daß es in irgendeiner Weise irgendeine Gegenkraft geben könnte. Was die »Unklarheit« und das »Unkünstlerisch-Persönliche« anbetrifft, so haben Deine Gedichte meiner Ansicht nach Gott sei Dank niemals die Sünde der »Klarheit« oder des »Künstlerischen« begangen. Für mich ist »Klarheit« ein Synonym für das »Äußerliche« und das »Künstlerische« grenzt an das Künstliche. In letzterer Hinsicht habe ich vielleicht nicht recht, verstehe es auf meine Weise, vielleicht ist das bei mir ein Atavismus unter französischem Einfluß, also »art« – »artificiel«. Meiner Ansicht nach fehlt bei den Galliern nicht von ungefähr der Begriff des »Künstlerischen«, während sie Begriffe für Kunst und Handwerk haben. Was meinst Du? Ja, und überhaupt, kann denn Dein Persönliches »unkünstlerisch« sein, wenn es zum Gedicht gewandelt ist? Ich habe »Dein« unterstrichen, denn bei vielen wäre es so möglich, bei Dir aber kann es nicht dazu kommen.

Deine Gedichte sind wunderbar. Sei für sie bedankt, dafür, daß Du sie schreibst, dafür daß Du – Du bist.

Assja werde ich sie abschreiben und schicken.

Was aber »militante No. 2« anbetrifft, so ist dieses Thema weder ein Pseudothema noch hochgespielt. Es ist mir auch schon mehrfach widerfahren, daß ich Briefe bekam, die von Herzen geschrieben waren, aber so, daß sie nicht zu Herzen gingen, denn es ist schrecklich schwierig, so zu lieben, wie es der geliebte Mensch braucht, nicht aber der Liebende (fasse das bitte nicht irgendwie eng auf!), und so zu schreiben, wie es der Empfänger braucht, besonders ein Grippekranker. Es geht hier nicht darum, sich irgendwie »anzupassen«, sondern daß es wirklich das Gemeinte wird.

Ein Exemplar der »Auferstehung« hattest Du mir in Moskau geschenkt, aber ich hatte es hierher nicht mitnehmen können. Ich bin sehr froh, daß Du mir das Buch geschickt hast, nicht wegen Tolstoi, sondern wegen Deines Vaters, der das Thema besser als der Autor realisiert hat, also mit nicht geringerer Liebe, aber absolut ohne Sentimentalität. Du verstehst, die zweite Hälfte des Buches nimmt mich im Vergleich zur ersten, sehr schönen, dadurch weniger für sich ein, daß die Spannung, die vom Thema und von der Idee her anwachsen müßte, fällt, verschwimmt und sich an der Lüge der Tolstoischen »Wahrheit« verschluckt, fast so, als hätte sie schon nicht mehr Tolstoi geschrieben, sondern seine Vegetarier.

Schade, daß die Reproduktionen nichts taugen und daß ein Teil der Illustrationen beschnitten ist, offenbar, um sie nicht bis zur Entstellung zu verkleinern. Zum Beispiel ist in der Illustration zum Morgenamt (oder zu Gründonnerstag?) – dort wo alle Kerzen halten – die herrliche Figur des Jungen weggeschnitten, der sich bekreuzigt und dabei mit aller Kraft seine drei Fingerchen zusammendrückt und an die Stirn legt, wie ihn die Oma lehrte. Das hellblonde Köpfchen ist geneigt, nur der Scheitel und dieses Händchen sind zu sehen. Besonders stark ist die Szene, wo Katjuscha im Häftlingskittel, fast mit dem Rücken zum Betrachter, in der Ferne Nechljudow entdeckt und hinter ihrem Rücken der Wachmann auftaucht, da spürt man die geballte Aufmerksamkeit der Hand des Wachmanns.

Einen Teil der Illustrationen habe ich in wunderbaren Reproduktionen in dem Buch Deines Vaters in Rjasan gesehen – ich schrieb Dir damals über dieses Buch und kann mir bis heute nicht verzeihen, daß ich nicht auf den Gedanken gekommen bin, es mitgehen zu lassen, da war so viel Wunderbares, waren so viele Porträts von Euch, als kleine und als etwas größere Kinder, und auch von Eurer Mutter.

Das Leben geht seinen unveränderten Gang. Ich warte auf den Frühling wie noch nie in meinem Leben. Früher einmal kam der Frühling in gewohntem Wechsel, hier aber bedarf es immerfort einer übermenschlichen Anspannung des menschlichen Willens, damit er überhaupt kommt, denn hier ist er nicht einfach Frühling, sondern ein ebenso großes Wunder wie die Auferstehung des Lazarus. So tot und eingewickelt ist alles hier. (Wie gut hast Du über Lazarus in Deinen letzten Gedichten geschrieben!) So schreie und flehe ich die ganze Zeit aus meiner tiefsten Tiefe, habe aber bisher nur einen einzigen Frühlingstag mit richtigen Regentropfen und Ansätzen von Pfützen erfleht. Was habe ich mich gefreut – dann war alles vorüber. Schneesturm, Schneeverwehungen, Frost.

Irgendwie gleicht unser Dorf Bethlehem. Durch eine biblisch anmutende Armut, die vielleicht das Wunder in sich birgt, vielleicht aber auch nur durch sein Erwarten, sein Ahnen.

Schneemassen über Schneemassen, armselige Katen, langzottige Kühe, struppige Hunde. Ständig muß ich gegen den von dieser Landschaft und Umgebung herrührenden Drang ankämpfen, mit den Füßen zu schlurfen und sich hängenzulassen; so sehr eine Stadt anzieht, so sehr entbehrt ein Dorf, und noch dazu ein so nördliches, magnetischer Kraft.

Ich arbeite viel, oft über meine jetzt geringen Kräfte hinaus, aber diese Arbeit stillt nicht den Durst nach wahrer Arbeit, unterdrückt ihn nicht einmal, ungeachtet dessen, daß ich als Kunstmaler eingestuft bin und meine Arbeit meinem Beruf nahe ist.

Ich fühle mich ziemlich mies, ertrage das Klima schlecht. Eine ständige, scheußliche Temperatur, so um die 37,5. Ständig spüre ich das Herz, das macht, abgesehen von dem, was sonst noch dazukommt, sehr müde.

Doch insgesamt gesehen läßt sich alles wie immer ertragen.

Ich danke Dir für alles.

Ich küsse Dich.

Deine Alja

17. 4. 50

Lieber Boris!

Vielen Dank für das Geld. Du kannst Dir nicht vorstellen, wie es mir aus der Klemme geholfen hat und wie es gerade im richtigen Moment eintraf. Vor allem aber hab Dank für Deine Fürsorge. Ich werde von Jahr zu Jahr immer vereinsamter, fühle mich immer mehr vergessen, und so kommt mir menschliche Aufmerksamkeit, eine menschliche Wohltat wie ein immer größeres Wunder vor. Ich selbst scheine nicht härter als früher geworden zu sein, aber ich habe jegliche Sentimentalität ebenso verloren wie auch die Gabe zu weinen, die mir in der Jugend im Übermaß gegeben war. Etwa bis zu meinem zwanzigsten Lebensjahr heulte ich beim Lesen von Tschechows »Kaschtanka«, weinte im Kino usw. Dabei habe ich, weißt Du, vor etwa zehn Jahren meinen ganzen Tränenvorrat verbraucht, jetzt bin ich nur noch in der Lage zu weinen, wenn ich mich sehr freue – und das widerfährt mir selten.

Wir haben drei Frühlingstage nacheinander. Der Schnee wird schwarz, schwammig und brüchig, von den Dächern strömt das Wasser, am Himmel ziehen graue, warme Wolken dahin. Die Taiga wird noch lange brauchen, bis sie grünt, aber sie schimmert blau, bedeckt sich mit pflaumenfarbenen Nebelschwaden, und wenn die Sonne hinter dem Waldstreifen am Horizont verschwindet, fällt ihr Schatten zart auf den Schnee wie der Schatten großer Wimpern. Alles wird von der Sonne geschmeidig, sowohl die kleinen Zweige der Lärchen als auch die Zweige der Tannen, die in ihrer Üppigkeit an Fuchsschwänze erinnern. Die Umrisse verlieren die winterliche Dürre, die Schärfe der Konturen und die Einförmigkeit. Die kleinen Kinder und die kleinen Hunde kommen in Gottes freie Natur herausgekrabbelt – die Ernte dieses Winters, die in den Hütten, ebenso wie die kleinen Kälbchen und Küken, großgezogen wurden. Noch sind keine Vögel zu sehen oder zu hören, nur einmal kam mir ein zufälliger Schwarm seltsamer Spatzen mit Schopf und weißer Brust vor Augen.

Es ist schon erstaunlich: in der letzten Zeit lebe ich überhaupt nicht mehr, sondern ich »überlebe« sozusagen den Winter, »friste mein Leben« bis zum Frühjahr usw. (Verzeih mir dieses widerliche Papier, hier ist selbst solches schwer zu beschaffen.)

Heute war ich bei einer Ärztin, sie hat mir gesagt, in meinem Alter dürfe man so ein Herz nicht haben, und riet mir, mich mehr auszuruhen und Aufregungen und Erschütterungen zu vermeiden. Dann hat sie mir lauter blödes Zeug zum Einnehmen verschrieben. Außerdem – soweit ich es erkenne – Zeug, das sich gegenseitig ausschließt. Hinsichtlich des Ausruhens, Nicht-Aufregens und Nicht-erschüttern-Lassens brauchst Du keine Kommentare von mir, aber hinsichtlich des Herzens stimmt es einfach nicht, das kann schon noch kämpfen.

Was steigt doch in mir von all diesen Amtsstuben und den ihnen innewohnenden Amtsgerüchen für ein Jammer auf – ob Miliz, Ambulanz oder sonstige Büros. Heute habe ich geschlagene vier Stunden in der Ambulanz gesessen, zusammen mit den verschiedensten Leidenden gewartet, bis ich an der Reihe war – Männer mit stachlig unrasiertem Bart, blasse Frauen mit strähnigem Haar, Halbwüchsige mit pathetischen Sommersprossen auf ihren kantigen Gesichtern. Bänke mit Lehnen, die von all den Rücken blank poliert sind, Plakate »Wir wurden vom Krebs geheilt«, »Bewahrt eure Kinder vor dem Sommer-Durchfall«, von den Blicken blankpoliert, oh weh, oh weh, was für ein Leid! Und all diese halblauten Gespräche über die Schmerzen in der Herzgegend, unter dem Schulterblatt, im Magen, in der Brust, an den Schläfen, über Schmerz, Schmerz, Schmerz! Ich habe auch Schmerzen, einen ständigen, bohrenden Schmerz im Herzen, aber angesichts dieses Übermaßes fremder Krankheiten fange ich an, mich unverschämt gesund zu fühlen, möchte mich schütteln und fortlaufen.

Wie schön sind dagegen Hotels, Häfen und Bahnhöfe! Was für ein anderes Leid überkommt einen dort, ein lebendiges mit gewaltigen, starken Flügeln, jeden Augenblick bereit, in Freude umzuschlagen, nicht wahr? Eines, das an Kraft dem Glück nicht nachsteht. Das Leid der

Wartezimmer ist ein ganz anderes, das packt einen zutiefst und ist perspektivlos (was für ein Wort!). Eine Herbstfliege, aber kein Leid.

Ich schreibe Dir zweifellos lauter Unsinn. Ringsum ist es laut, eng, ungemütlich, und ungeachtet all dessen möchte ich so gern ein bißchen mit Dir plaudern, das heißt richtiger, all das beachtend, möchte ich so gern mit Dir plaudern! All das wäre nicht so schlimm, aber ich leide wirklich, bin unglücklich und sehne mich so schrecklich nach Moskau. Wie noch nie in meinem Leben. Und dabei habe ich dort nur kurz gelebt, als Kind bis zu meinem achten Lebensjahr und später als Erwachsene insgesamt drei Jahre, mehr war es nicht. Das ist das allerschrecklichste Leid, wohl das Leid der einseitigen Liebe. So viele Städte ich in meinem Leben auch gesehen haben mag, elegante und schöne, so sehr ich an ihnen auch meine Freude hatte, sie begriff und schätzte, aber geliebt habe ich sie nicht, nein, niemals. Und wenn ich sie verließ, dann habe ich mich an sie nicht mehr erinnert als an das Bühnenbild irgendwann gesehener Stücke.

Doch diese Stadt ist tatsächlich die Stadt meines Herzens und des Herzens meiner Mutter, meine Stadt, das einzige, das mir gehört, mit dessen Verlust ich mich einfach nicht abfinden kann. Auch im Traum sehe ich – in der Tat und nicht um der schönen Formulierung willen – Moskauer Straßen, Gassen und Gäßchen, tatsächlich Moskauer Straßen und nicht irgendwelche anderen. Dabei würde ich nie in Moskau leben wollen, würde nicht wollen, daß diese Stadt meine Alltagsstadt mit ein paar gewohnten Wegen würde. Ich würde mit Vergnügen – wenn mein Leben in meinen eigenen Händen läge – sehr weit weg von Moskau leben und arbeiten, und zwar im Norden, noch nördlicher als hier und würde wirklich leben und arbeiten, nicht so wie ich es jetzt muß. Ich würde Bücher über Dinge schreiben, die nur wenige zu sehen bekommen, würde gut schreiben, wirklich! Der ganz hohe Norden ist für den Schriftsteller ein unerschlossenes Gebiet, niemand hat darüber etwas Echtes geschrieben.

Dann würde ich ab und zu nach Moskau fliegen, in diese Stadt eintauchen und wieder fortfliegen.

Immer »würde« und »würde«.

Ich küsse Dich innig. Hab Dank.

Deine Alja.

5. 5. 1950

Lieber Boris!

Ich habe eine sehr große Bitte an Dich: ich brauche dringend Mutters Gedichte: 1. den Zyklus der Gedichte an Puschkin, 2. den Zyklus der Gedichte an Majakowski und 3. den Zyklus der Gedichte über die Tschechei. Den letzten Zyklus hat Mama geschrieben, als Hitler die Tschechoslowakei besetzte. Vielleicht hast Du das alles, wenn nicht, dann ist es vielleicht bei Krutschonych[25], der viele Sachen von Mama hat, handgeschriebene und abgetippte. Wenn es weder bei Dir noch bei Krutschonych ist, dann hat es Lilja[26] unter den Rohfassungen. Ich brauche unbedingt alle drei Zyklen. Jetzt folgendes: wenn Du Dich an Krutschonych wendest, dann bitte ich Dich sehr, tu es nicht in meinem Namen. Wir stehen mit ihm nicht sehr gut, und er könnte es mir ablehnen, Dir aber bestimmt nicht. Die letzte Instanz wäre Lilja. Dort ist es am schwierigsten, weil sie beide matt und krank sind, für sie wäre es besonders mühselig und beschwerlich, und außerdem ist es wirklich nicht leicht, unter den Entwür-

fen das Notwendige zu finden, wenn sie keine Sonderdrucke oder wenigstens gute Abschriften besitzen. Ich
möchte nur unbedingt, daß alle Hefte von Mama zusam-
menbleiben, weil sogar bei behutsamstem Umgang etwas
verlorengehen kann, wie das mit ihren Briefen geschehen
ist, die Handschriften aber sind unersetzlich.

Ich weiß, daß Dir das sehr viel Mühe bereitet, aber ich
habe niemanden sonst, den ich bitten könnte, weil ich
erstens nur Dir diese Bitte anvertrauen kann, und zweitens überhaupt. Ich bitte Dich sehr, tu das, und wenn
möglich, recht bald.

Außerdem schicke mir, wenn Du die Möglichkeit hast,
wenigstens ein paar von Deinen eigenen Büchern, also
Bücher mit Deinen Gedichten. In meinem Besitz sind nur
die Bücher mit einer Widmung von Dir geblieben, es gibt
aber viele Leser, und unter diesen gibt es viele, die es
verdienen, Deine Bücher zu besitzen. Wenn Du mir nicht
ein paar Exemplare schicken kannst, dann schick wenigstens etwas, und ich werde es in die Bibliothek geben, wo
man oft nach Dir fragt und wo nichts von Dir ist.

Verzeih mir diese schwer erfüllbaren Bitten. Gott allein,
scheint es, weiß, mit welcher Freude ich das alles selbst
tun würde!

Ich schreibe Dir spät abends in einem vor Müdigkeit
nicht mehr nüchternen Zustand. Heute ist der Tag der
Presse, und da gab es sehr viel zu tun, auch bin ich von
der Müdigkeit von den Vorbereitungen für den 1. Mai
noch nicht wieder zu mir gekommen. Es geht auf
Mitternacht, draußen aber ist es noch ganz hell. Wenn
auch nicht durch Wärme, so ist der nördliche Frühling
doch immerhin durch sein Licht schön. Er ist schon mit
seiner ganzen Kraft da. Erst kürzlich habe ich begriffen,
warum ich gerade den Frühling weniger als alle übrigen

Jahreszeiten mag. Morgens Schnee mit gewaltigen Flok-
ken, dann dringt die Sonne durch die Wolken, es taut, das
Wasser fließt von den Dächern, man tritt in Pfützen,
Matsch, Bäche. Dann ein scharfer kalter Wind, Glatteis,
Eiszapfen. Dann wieder ein warmer, träger und fast
schon duftender Lufthauch, und erneut schneit es in
großen Flocken, dann aber regnet es. So geht es ganze
Tage und Nächte lang. Einmal ging ich auf einer kleinen
Brücke über eine Schlucht, und ein feuchter Wind stürzte
sich auf mich, versuchte mir das Kopftuch herabzurei-
ßen, packte mich an den Knien, warf mir ein paar
bedrohliche Schneebatzen ins Gesicht, zwang mich, mich
einzumummeln und alles zum Teufel zu wünschen. Noch
ein paar Schritte, da lag die Schlucht hinter mir – Stille,
strahlende Sonne, ringsum alles friedlich, warm und licht.
Der ganze vorangegangene Zornesausbruch schien ein
Scherz gewesen zu sein, vielleicht sogar bloß ein Trug-
bild! Da wurde mir plötzlich auch klar, warum ich dem
Frühling nicht so wohlgesonnen bin: er ist doch im
Russischen weiblichen Geschlechts, ist doch eine Frau,
eine echte, mit ewigem Stimmungswechsel, geht mit einer
so offenherzigen Leichtigkeit von Lachen zu Tränen, von
Worten zur Tat und sogar vom Küssen zu Ohrfeigen
über! Eine Frau, das heißt, ich selbst, und deshalb allein
ziehe ich offenbar dieser Frau Frühling mit der ganzen
Unbeständigkeit ihres Charakters die Bestimmtheit des
Sommers vor, die Ausdauer des Herbstes und die Rauheit
des Winters. (Letzteres nach Möglichkeit in einem gemä-
ßigteren Klima!)

Bald ist Eisgang. Ich erlebe ihn zum ersten Male auf
einem so großen Fluß. Der Jenissej ist gewaltig, um vieles
breiter als die Wolga. Ich habe Angst vor dem Eisgang,
sogar auf der Moskwa. Er ist schrecklich wie eine

Geburt. Der Frühling gebiert den Fluß. Den letzten
Eisgang sah ich im vorigen Jahr auf der Oka, und mir war
es tatsächlich sowohl schrecklich als auch ein bißchen
peinlich, dem zuzuschauen, als handle es sich um etwas
Persönliches und Geheimes in der Natur, obwohl alles so
offen dalag!

Wieder einmal kommt eines der üblichen Unglücke
über mich – in zwei Wochen werde ich arbeitslos sein, das
heißt, unsere Behörde hat keine Möglichkeiten, uns zu
unterhalten, die wir im Finanzplan nicht vorgesehen sind
und von Drittmitteln leben. Dabei ist es sehr schwer,
Arbeit zu finden, fast unmöglich. Mein Gott, wie soll ich
leben, was soll ich tun, gegen welche Wand den Kopf
schlagen, ich weiß es einfach nicht! Vielleicht läßt sich in
diesen zwei Wochen auf wunderbare Weise irgend etwas
aufgabeln, obwohl es dafür keinerlei Chancen gibt. Ich
komme einfach aus der Serie der schlechten Wunder nicht
heraus, kann zu den guten nicht gelangen! (den Wundern).

Ich küsse Dich innig.

Deine Alja

20. Mai 1950

Liebe Alja!

Von »Mein Puschkin« haben wir nur die zweite Hälfte
aufgetrieben, die erste wird noch gesucht. Das über die
Tschechei wird Dir Jelisaweta Jakowlewna schicken.
Krutschonych hat es eigenhändig abgeschrieben, und ich
lasse es nicht abtippen, um keine Zeit zu verlieren.

Bleibt der Text über Majakowski, auch das werden wir
hinkriegen.

Verzeih mir die Eile, ich habe Dir als eingeschriebene

Drucksache einen Goethe-Auswahlband geschickt, blättere ihn durch, ob Dir etwas gefällt, und schenke ihn dann in Deinem Namen mit Deiner Widmung Eurer Bibliothek.

Dein B.

25. Mai 1950

Liebe Alja!

Den Text über die Tschechei bekommst Du von Jelissaweta Jakowlewna[27], an den Puschkin kommt Krutschonych heran, wir werden auch den Majakowski ausfindig machen. Jetzt fahren alle in die Datschen, das macht es schwierig.

 Jedesmal, wenn das Gespräch auf die Bücher oder Manuskripte Deiner Mutter kommt, ist mir das ein Stich ins Herz. Selbstverständlich ist es ein vernichtender und tödlicher Vorwurf, daß ich nichts mehr von Deinem Vater, von der Zwetajewa und von Rilke habe, nichts von dem, das mir so nah ist wie das Leben und das zerflossen ist wie das Leben. Jetzt ist das alles in den Händen von irgendwelchen Leuten, aber da soll sich einer auch noch erinnern, bei wem, wo es ihrer doch so unzählig viele sind! Dafür gibt es keine Entschuldigung, und Hinweise darauf, wie ich lebe, wie die Lebensumstände sich entwickelt haben usw., können mich nicht reinwaschen, können vielleicht als Beruhigung dienen, daß dies von den vielen Arten menschlicher Vergehen nicht das allerschlimmste ist. So wollte ich, als ich zu dem antifaschistischen Kongreß[28] fuhr, wo ich Dich gesehen habe, mit Deinen Eltern nicht zusammentreffen, weil ich fand, daß ich in einem schrecklichem Aufzug wäre, und mich vor ihnen schämte. Ich glaubte fest, es würde zu der Begegnung noch unter angemesseneren Umständen kommen, dann aber sind sie gestorben, erst die Mutter, dann der Vater, und so haben wir uns nie mehr gesehen. All das steht in engem Zusammenhang, und es gibt viel Derartiges in meinem Leben, aber ich schwöre Dir, es kommt nicht von mangelnder Aufmerksamkeit oder mangelnder Liebe!!

Sehr schön ist, was Du über den Frühling, über den Eisgang schreibst.

Ich habe unverändert nichts Eigenes, was ich Dir schicken könnte. Ich sende Dir einen Goethe-Auswahlband, lasse bewußt eine Widmung fort, damit Du ihn Eurer Bibliothek mit Deiner eigenen schenken kannst, wenn Du das magst.

In dem Auswahlband steht meine Faust-Übersetzung, und Du brauchst Dich nicht zu wundern, wenn sie Dir gefällt. So viele Opfer wurden im Leben der Berufung gebracht, eine so große Abkapselung u. ä. geschaffen, daß wohl genug Zeit war, das Übersetzen gelernt zu haben. Erheblich erstaunlicher ist die Vollkommenheit der übrigen Übersetzungen, der kleinen und der großen, von Menschen mit eher bescheidenem Namen, unter die mein »Faust« geraten ist.

Das war für mich eine Entdeckung. Offenbar lohnt es sich nicht zu übersetzen, alle haben es gelernt.

Ich küsse Dich innig.

Sobald sich die Möglichkeit ergibt, schicke ich Dir Geld.

Dein B.

Lieber Boris!

Ich habe Deinen Brief bekommen, auch den zweiten mit den Gedichten, und habe erst jetzt begriffen, in welchem Ausmaß alles von Mutter zerstreut ist. Das, was Krutschonych abgeschrieben hat, ist nur ein unbedeutender Teil des Puschkin-Zyklus und nicht irgendein »erster« oder »zweiter« Teil. Dazu gehörten mindestens zehn Gedichte. Ich könnte natürlich wenigstens die Titel aus der Erinnerung wieder herstellen, wenn mein Kopf jetzt nicht so durcheinander wäre und nicht mehr er selbst.

Wenn ich an die Riesenmenge von all dem denke, was sie geschrieben hat und was wir haben verlorengehen lassen, wird mir einfach schlecht. Und noch schlimmer wird mir zumute, wenn ich daran denke, w i e es geschrieben wurde. Ein ganzes Leben Arbeit, die Arbeit eines ganzen Lebens. Wieviel könnte man noch aufspüren und wiederherstellen, und ich bin die einzige, die das machen könnte, die einzige, die am Leben geblieben ist, der einzige lebende Zeuge ihres Lebens und Schaffens, Tag um Tag, Stunde um Stunde während einer gewaltigen Anzahl von Jahren. Wir haben uns doch niemals vor meiner Abreise getrennt, erst dann, als ich weggefahren war, schrieb sie, ohne daß ich zugegen war, und das war nur noch sehr wenig.

Ich werde das nie tun können, ich bin von ihren Manuskripten getrennt, bin der Möglichkeit beraubt, das Fehlende aufzuspüren und wiederherzustellen. Für sie als Lebende habe ich nichts getan, für sie als Tote kann ich es nicht.

Alles, wovon Du sprichst, ist mir sehr verständlich. Natürlich, damals konntest Du Dich nicht mit meinen Eltern treffen, damals schien es noch, daß das Gute, was noch vor uns läge, am wichtigsten wäre, damals »schien«

vieles, das Leben aber ging vorüber, und für viele ist es bereits ganz vorübergegangen. Wie schwer ist es, zunehmend schwer, mit Unwiederherstellbarem und Nichtwiedergutzumachendem zusammenzutreffen.

Ich bin schrecklich müde. Ein so langer, ein so dunkler und kalter Winter, der stete, unablässige Versuch, ihn zu überwinden, und jetzt dieser Frühling – Regen und Wind, Wind und Regen, ein sich aufbäumender bleierner Fluß, weiße Nächte, graue Tage. Der Eisgang begann am 20. Mai, und bis jetzt schwimmen, wenn auch immer seltener und seltener, immer stärker angenagte Eisschollen den Fluß hinunter. Die ersten kleinen Kutter sind schon unterwegs. Diese oder nächste Nacht wird der erste Dampfer aus Krasnojarsk eintreffen. Doch bisher ist nirgendwo ein bißchen Grün zu entdecken. Durch das Dorf trotten traurige, behäbige Kühe mit Fetzen der Winterwolle auf dem Fell, und sie schälen die Rinde von den Latten unserer primitiven Zäune.

Mit einem Wort, mir ist wie Küchelbecker[29] zumute, ich bin niedergeschlagen und hoffe, daß das nur bis zum ersten wirklichen Sonnentag anhält.

Ich schreibe Dir nachts. Ohne jegliches Licht. Schlafen mag ich nicht, leben auch nicht besonders. Dies um so mehr, als mein Leben wirklich so schwer, so aufreibend und voller Unsicherheit ist! Ich tröste mich mit der Weisheit von Salomons Ring, in den, wie wir aus der Bibel und von Kuprin wissen, eingraviert war: »Auch das vergeht«. Die Abneigung gegen das Leben wird ebenso vergehen wie der Drang danach und wie auch das Leben selbst. Man versteht sehr gut, daß so eine einfache Philosophie von dieser weißen Nacht, von diesem atlantischen Wind, von diesem ständigen Regen, der die ganze sich aufplusternde Natur durchdringt, geboren wurde.

Durch all dies ertönt wie die Stimme des Erzengels die Sirene des Dampfers – der erste Sirenenton des ersten Dampfers. Na also, »Jossif Stalin« ist da, das Motor-Schiff, dessen Kapitän unser Abgeordneter ist, von dessen Besuch bei uns ich Dir einmal geschrieben habe.

Was mich so restlos aus der Bahn geworfen hat, sind all die Mißstände bei der Arbeit und bei der Unterbringung, ein Problem, das hier noch viel aktueller und unbegründeter ist als in Moskau. In was für Zimmerecken, Bretterbuden und seltsamen Behausungen habe ich nicht schon geschlafen! Aber all das wäre nicht so schlimm, gäbe es nur etwas Sonne! Ohne sie entwickelt sich in mir eine Art seelischer Skorbut.

Das Buch, von dem Du schreibst, ist noch nicht eingetroffen, ich warte voller Ungeduld darauf und werde es kaum abgeben. Die Gedichte brauche ich selbst. Bis über die Ohren bin ich in Prosa versumpft.

Hab Dank für alles, für alles, mein Lieber. Sobald sich irgend etwas bei mir »regelt«, werde ich Dir menschlich schreiben, jetzt aber kann ich nur regnerisch schreiben.

Ich liebe Dich sehr – für alles.

Deine Alja.

24. Juni 1950

Lieber Boris!
Vielen Dank Dir für die Sendung, ich habe alles bekommen. Dank Dir konnte ich in eine andere Unterkunft übersiedeln, die zwar fern vom Zentrum und fern von Vollkommenheit ist, aber unvergleichlich besser als jene, in der ich im wörtlichen und im übertragenen Sinne den ganzen schrecklichen Winter durchfroren habe. Es handelt sich um ein winziges Häuschen unmittelbar am Ufer

des Jenissej, ein Zimmerchen und eine winzige Küche, mit drei Fensterchen – nach Süden, Osten und Westen. Einem Gemüsegarten mit drei Beeten und drei kleinen Fichten. Das Haus stand zum Verkauf, und meine Freundin[30], mit der ich zusammen wohne, wünschte sich sehnlich, es zu kaufen, aber zum Erwerb fehlte gerade der Betrag, den Du überwiesen hast, und kaum hatte ich ihn, da haben wir es sofort gekauft, und somit bin ich, die ich unter besseren Bedingungen niemals immobiles Eigentum besessen habe, plötzlich hier im Norden eine, wenn auch nicht volle Hausbesitzerin, so doch wenigstens eine Mitbesitzerin. Übrigens bin ich von der Immobilität dieser Behausung nicht ganz überzeugt, denn sie liegt ziemlich nahe am Fluß, und bei einem großen Hochwasser könnte sie sich in ein mobiles Eigentum verwandeln. Aber bis zum Hochwasser ist es noch ein ganzes Jahr hin, und zunächst bin ich einfach glücklich, daß ich hier ohne Nachbarn, ohne Wirtsleute und ähnliche Aufpasser lebe.

Ich habe Dir lange nicht geschrieben, denn der Umzug von einem Platz zum andern ist hier eine ziemlich langfristige, komplizierte und arbeitsintensive Beschäftigung. Ich bin unendlich müde und leide die ganze Zeit an einer unerklärlichen und wahrscheinlich nördlichen Krankheit. Ich habe Temperatur und magere ab, offenbar ist das Klima ungeeignet, und meine Wurzeln wollen in dieser unfruchtbaren, steinigen und restlos durchgefrorenen Erde keinen Halt finden.

Am 22. Juni fiel erneut Schnee, aber er ging glücklicherweise schnell wieder weg. Immerzu haben wir Wind und Regen, immerzu ist es kalt. Die ganze Zeit über gab es drei bis vier gute, klare Sonnentage. Da hat sich alles ringsum verändert: wie viele Farben sich in dieser düsteren Natur doch verbergen! Dafür, daß all der

Jammer sich in Jubel umwandelt, bedarf es nur des einen: der Sonne! Sie bleibt zur Zeit volle 24 Stunden am Himmel, aber zu sehen ist sie trotzdem nicht. Nächte gibt es wirklich überhaupt nicht, »und die erstaunten Völker wissen nicht mehr, was tun, ob aufstehen oder liegen und ruh'n!«

Den Goethe habe ich noch nicht gelesen, denn ich plage mich die ganze Zeit mit Wasser, Holz, dem Garten oder der Wäsche ab, muß die Behausung in Ordnung bringen und heizen. Hinzu kommt, daß man mir bei der Arbeit die Hälfte meines ohnehin geringen Gehaltes gestrichen hat, gleichzeitig aber vergaß, die Arbeitszeit zu verkürzen, so daß ich nicht weniger als im Winter arbeite, den letzten Lohn aber im April bekam!

Vielleicht habe ich letztendlich gar nicht soviel zu tun, wie es mir vorkommt. Es liegt offenbar an den Kräften, die immer mehr abnehmen. Daher brauche ich auch für etwas, was ich früher nebenbei erledigt habe, erheblich mehr Zeit, als eigentlich nötig wäre.

Von Lilja habe ich noch keine Gedichte bekommen, ich weiß nicht, ob sie sie vor ihrer Abreise auf die Datscha hat heraussuchen können. Sie hat Pakete mit lauter alten Sachen von mir abgeschickt, aber ich habe noch nicht alles erhalten, so daß möglicherweise die Gedichte in einem davon stecken. Briefe bekomme ich von Lilja seit langem nicht, aber aus dem Paketkartenabschnitt habe ich erfahren, daß sie in die Datscha gezogen ist. Gebe ihr Gott, daß sie sich wenigstens etwas erholt, sie ist doch sehr schwach, und ich mache mir aus meiner großen Entfernung Sorgen um sie. Verstandesmäßig weiß ich, daß wir uns nicht mehr wiedersehen werden, aber ich hoffe immer noch auf das Wunder einer Begegnung.

Hab Dank, Du, mein Lieber. Wenn ich ein bißchen zu

mir gekommen bin, schreibe ich Dir wie ein Mensch. Jetzt schreibe ich – und mache alles in der letzten Zeit – so gut es eben geht.

Ich küsse Dich.

Deine Alja

1. August 1950

Lieber Boris!

Ich habe Dir so lange nicht geschrieben, war krank, bin mit Not und Mühe wieder auf die Beine gekommen und bin jetzt wieder einigermaßen lebendig, obwohl meine Beine noch schwach sind und daher viel zu lang wirken, so wie die von Kamelen oder wie bei »Alice im Wunderland«. Hier ist wahrlich ein Wunderland, nur ein paar Tage, an denen die Sonne wenigstens für kurze Zeit unterzugehen begann, und schon kriecht an ihre Stelle ein gewaltiger dunkelroter Mond empor, furchterregend, als wäre das Ende der Welt gekommen, doch der Himmel ist noch ganz hell, und der Mond scheint da irgendwie nichts zu suchen zu haben. Der kurze Sommer ist schon vorüber, fast ohne Wärme, mit ständigen hektischen Regengüssen, Windböen, durchgehend »wechselnder Bewölkung«. Schon dringt aus dem Norden grimmige Kälte vor, und die Sonne wärmt gleichsam oberflächlich, ohne sich mit der Luft zu verbinden. Vor allem aber taucht im Grün, das noch keine Zeit hatte, richtig dunkel zu werden, in seinem im Grunde genommen frühlingshaften, kükenhaften Gelb bereits echter herbstlicher Rost auf. Ich weiß, daß bald der Winter kommt, daß er unvermeidlich ist, daß im September schon Schnee und Frost herrschen werden, aber ich mag es noch nicht glauben. Es sieht so aus, als ob noch lange Dampfer auf dem Jenissej fahren würden, Lastkähne sich mühen, kleine Motorboote über die Wellen hüpfen; als ob noch lange die Enten quaken und die Schnepfen nächtens rufen, Mücken und Gnitzen einen quälen; als ob die Türen der aus den Fugen geratenen Hütten noch lange offenstehen würden und die während des langen Winters bis zum Blau hin blaßgewordenen Kinder kräftige Farben bekommen und vor unseren Augen heranwachsen würden, diese Kinder, die da ungeschickt ihre sommerlichen Spiele auf dem grauen steinigen Ufer spielen. Aber all diesem Glück sind die Tage gezählt, und ich mag daran so wenig glauben wie an den Tod.

Du hast mir sehr lange nicht geschrieben, und obwohl Du mich in Deinem letzten Brief gewarnt hast, Du würdest in diesem Sommer sehr viel zu tun haben, läßt mich das trotzdem besorgt sein. Ich bin freilich noch nicht so von Sinnen wie Assja, die nur noch aus Besorgtheit, Vorgefühlen und seherischen Träumen besteht, aber ein bißchen hat es mich auch in dieser Richtung gepackt. Wenn ich lange keine Briefe bekomme, werde ich verrückt. Wenn ich sie dann aber schließlich in Händen halte und erfahre, daß alle am Leben und gesund sind, kommt mir das – undankbar wie ich bin – so selbstverständlich vor, daß ich bis zum nächsten Postausfall hoch und heilig daran glaube, alles sei in Ordnung, allen gehe es gut, jetzt und immerdar.

Assja schreibt selten und versendet Durchschläge, in die sie von Hand Anrede und Abgesang schreibt, dabei enthalten ihre Briefe so viel Gejammere, daß man sie von vornherein ungelesen beiseitelegen möchte, wohl weil man mit ihrem Geschreibsel nur in Muße fertig werden kann. Ich bin froh, daß ich sie bei ihren Leuten in der Nähe von Wologda besuchen konnte, aber nichtsdestotrotz, das war ein echter Edgar Allan Poe – war sogar schlimmer. Von Lilja habe ich den ganzen Sommer über keinen einzigen Brief bekommen und denke voller Entsetzen an ihr hohes Alter, an ihre Schwäche, an ihr Herz, das bald seinen Dienst aufgeben wird, an all das, was sie nicht hat sagen können, sie, die letzte der älteren Generation in der Familie, über die Eltern – ihre und meine – über ihr ganzes langes Leben, das so unwiederbringlich seinem Ende zugeht. Ich liebe sie sehr, wirklich sehr, einfach so: wegen ihrer ungewöhnlichen Reinheit, ihres Edelmutes, ihrer Einfachheit und Lebensnähe, und auch wegen der wunderbaren Disharmonie zwischen den tragischen Augenbrauen und Augen in ihrem Gesicht und der leichtsinnigen Nase und dem leicht lachenden Mund. Die Hauptsache ist, daß sie die Älteste in der Familie ist, die einigen Generationen die Mutter ersetzt hat und selbst keine Mutterschaft kannte. Warum haben in unserer Familie alle Frauen so erstaunliche Schicksale? Dabei trägt eine jede von uns außer dem eigenen auch noch die Last der übrigen Schicksale – versteht sie und dringt in sie ein.

Ich weiß nicht, ob ich Dir schrieb, daß meine Freundin und ich, mit der ich den Weg von Rjasan hierher gemeinsam gemacht habe und mit der ich hier zusammen lebe, ein kleines Häuschen am Ufer des Jenissej gekauft haben. Etwas so Unerreichbares konnten wir zusammen bewerkstelligen – sie dank häuslicher Ersparnisse, ich dank Dir. Das Häuschen ist winzig – ein Zimmer und eine kleine Küche –, gegenwärtig bauen wir uns mit eigenen Kräften einen Windfang davor, damit es im Winter wärmer bleibt. Die Fenster gehen nach Osten, Süden und Westen. Dem Material nach, aus dem es gebaut ist, paßt das Häuschen bestens zu Dickens, denn es ist völlig ausgeschlossen vorauszusagen, wie es die Winterstürme und sonstiges Unwetter überstehen wird. Zunächst einmal kann es der Wind wegtragen (das bezieht sich auf den Winter), im Frühjahr kann es das Wasser wegspülen. Übrigens sind alle übrigen Gebäude in Turuchansk genauso, und sie bleiben trotz allem stehen. Unser Häuschen ist innen und außen verputzt und geweißt, wir haben aus Stecken einen Zaun ringsum gebaut, damit die kleinen Jungen und die Kühe nicht überall herumlaufen, haben Birken und Fichten rundherum gepflanzt, es sind aber nur drei Bäume angegangen. Der Blick ist hinreißend, ringsum ist es ruhig und weit, vor allem aber gibt es keinerlei Vermieter, Nachbarn, Aufpasser. Hab Dank für all das, mein Lieber.

Ganz plötzlich habe ich Durchfall bekommen, offenbar von dem Wasser des Jenissej, das zwar klar ist und gut schmeckt, das man aber im Sommer nicht trinken sollte. Es ist eine ekelhaft widerliche Krankheit, von der einem so schwach wird, daß jede Bewegung ein Gefühl der Qual auslöst, sicher so wie vor dem Tod. Was ist das für ein Leid, wenn der Körper aufhört zu gehorchen, wenn er leidet und immer schwächer wird und mit ihm zusammen die Seele leidet und schwächer wird, auf die Unsterblichkeit verzichtet und sich ans Leben klammert, wenn man das noch Klammern nennen soll. Wirklich, es hat in meinem Leben eine Periode angefangen, wo ich in dem Gefühl, daß mir immer weniger Kraft bleibt, mutlos nach vorne schaue. Plötzlich läuft es darauf hinaus, daß mehr Leben da ist als Kräfte? Verzeih, daß ich so ein Miesmacher bin. Wenn ich wieder auf die Beine komme, wird sich auch die Seele aufrappeln. Jetzt aber drängt es mich, nur noch den Mond anzuheulen.

Innig küsse ich Dich und warte auf ein paar Worte auf einer Postkarte.

Deine Alja

8. 9. 50

Lieber Boris!

Immer wieder bringe ich es nicht fertig, Dir zu schreiben. Dabei gibt es keinen einzigen Tag, an dem ich nicht an Dich dächte und nicht mit Dir spräche. Aber ich bin so in Anspruch genommen und so müde, daß alle diese Gedanken und Gespräche es einfach nicht schaffen, bis aufs Papier zu kommen. Herzlichen, wenn auch schrecklich verspäteten Dank sage ich Dir für Deinen »Faust«. Für mich ist er eine Offenbarung, denn ich habe ihn bisher (und das ist schon lange her) immer in alten Übersetzungen gelesen, russischen und französischen, wo hinter allen Wortanhäufungen Goethe, zusammen mit dem Leser, ganz verlorengegangen war. Bei aller Liebe zu dem, was Du schreibst, bin ich sehr kritisch Dir gegenüber. Hier aber kann keine Rede von Kritik sein – es ist makellos.

Überhaupt ist die Sprache Deiner Übersetzungen wunderbar, die Shakespeare-Dichtungen habe ich alle gelesen, von allem anderen abgesehen, kannst Du, wie sonst keiner, die Epoche wiedergeben, ohne in Archaisches zu verfallen, wohl deshalb fühlt sich der Lesende als Zeitgenosse der Helden, wird ihre Sprache zu seiner Sprache. Ungewöhnlich ist der Reichtum Deines Wortschatzes. Den Faust habe ich zunächst ins Unreine gelesen, jetzt lese ich ihn langsam und voller Genuß erneut, genieße wirklich jedes Wort und Wörtchen, die Reime, die Rhythmen, genieße, daß all das lebendig ist, kräftig, stark, echt.

Mein lieber Boris, schlimm irren sich jene, die in Deinem Werk nicht die grundsätzlich positive Haltung zum Leben spüren. Für Dich wird es dadurch natürlich nicht leichter! Nicht jener Kritiker ist schlecht, der nicht zu schreiben vermag, sondern jener, der nicht lesen kann!

Wie immer schreibe ich Dir zu später Stunde, wie immer müde, und deshalb bin ich wiederum wie immer nicht in der Lage, Dir all das zu erzählen, wonach es mich drängt, und es so zu erzählen, wie ich gerne möchte. Die hiesigen Lebensumstände fressen die ganze Zeit ohne jeden Rest auf, und dabei vor allem das, was dem Menschen dafür gegeben ist, er selbst zu sein. Ich bin es dann, wenn ich schreibe, bin es manchmal, wenn ich zeichne, manchmal, wenn ich lese. Das Lesen gelingt mir ein kleines bißchen auf Kosten des Schlafes, was aber das Schreiben und Zeichnen betrifft, so klappt es überhaupt nicht, so sehr ich mich auch bemühe, wenigstens eine Stunde im Laufe von 24 Stunden für mich selbst herauszuschlagen.

Doch im Leben bleibt viel Grund zur Freude. In diesem Jahr ist der Herbst hier wunderbar. Er ist kalt und klar, ich bin ein paar Mal in den Wald gegangen, um Pilze oder Beeren zu sammeln, und fühlte mich inmitten der goldenen Espen und goldenen Birken einfach glücklich, glücklich wie in der Kindheit, die in meiner Erinnerung auch mit dem Wald verbunden ist. Wie liebe ich das Rascheln der Blätter unter den Füßen und das federnde Moos – immer scheint mir, daß Mama in der Nähe ist. Die Gläubigen halten Totengedenkgottesdienste ab, ich aber gehe zu Mamas Gedächtnis in den Wald und denke dort als Lebende unter den lebenden Bäumen an sie, die Lebende, ich »denke« eigentlich nicht an sie, sondern bin ihr irgendwie mit dem Herzen, mit meinem ganzen Wesen nahe.

Dank Dir ist jetzt mit dem Wohnen bei mir alles in guter Ordnung, ein prächtiges winziges Häuschen am Ufer des

Jenissej, ein Zimmer und eine Küche, da leben wir –
meine Freundin und ich – zu zweit und mit uns ein
Hund. Wir haben uns einen Windfang angebaut, haben
alles außen und innen verputzt, haben das alles selbst
getan. Jetzt habe ich alles geweißt, und der Kalk hat mir
die Hände so zerfressen, daß ich den Federhalter mit
gespreizten Fingern halte, besonders haben Daumen und
Zeigefinger gelitten. Den ganzen Sommer über hatte ich
mit Lehm, Mist und anderem Baumaterial zu tun. Schwer
ist das, weil wir beide arbeiten, doch dafür hoffen wir,
daß es hier im Winter wärmer wird als in der kümmerlichen Hütte vorher. Vor allem – keine Vermieter, keine
Nachbarn – wie tut das gut! Nun bleibt noch etwas sehr
Schweres zu bewerkstelligen: Heizmaterial und Kartoffeln für den Winter zu beschaffen. Besonders schwer ist
es mit dem Holz, davon braucht man sehr viel, bisher
aber haben wir noch kein Scheit. Bald wird der Regen
einsetzen, dann kommt man nicht mehr bis zum Wald
durch. Schwer ist es hier auch, irgendein Gefährt zu
bekommen.

Alle Hausarbeit mache ich selbst. Ich koche, wasche,
scheuere die Böden, schleppe Wasser, säge, hacke, heize.
Wenn ich mich an Gas und Zentralheizung erinnere,
werde ich ganz neidisch: wieviel freie Zeit geben sie den
Menschen! Ich fürchte, solche Dinge werden in Turuchansk zu allerletzt eingeführt – wenn die Urenkel –
wenn auch nicht meine eigenen, sondern die anderer
Leute aus dem Dorf – es satt haben, so wie früher zu
leben.

Bald, sehr bald kommt der Winter. Schon beginnen
Kälte und Dunkelheit uns zu umzingeln. Irgendwie
werden wir schon über den Winter kommen! Bald
werden Wildgänse und Schwäne von hier fortfliegen,

bald die letzten Dampfer dahinfahren. Was heißt hier Wildgänse und Schwäne! Selbst die Krähen fliegen fort, können das Klima nicht ertragen.

Wenn Du eine Minute erübrigen kannst, schreib mir wenigstens eine Karte, ich weiß schon so lange nichts von Dir. Selbst Lilja, selbst die schreibt häufiger. Sie klagt über den verregneten Sommer. Ich hoffe, der Regen hat Dich nicht daran gehindert, gut zu arbeiten, und Du konntest Dich beim Arbeiten wenigstens ein bißchen von der Stadt erholen. Ich würde mich voller Lust vom Dorf erholen.

Vor ein paar Tagen bin ich in meine Kindheit geraten – atemlos sah ich den »Graf von Monte Christo« im Kino. Nur leider nicht synchronisiert, alles sprach da französisch.

Ich küsse Dich innig.

Deine Alja

21. September 1950

Liebe Alja!

Verzeih, daß ich Dir so lange nicht geschrieben habe, und rege Dich nicht auf. Wie steht es um Deine Gesundheit? Ich habe Angst, nur daran zu denken, Du meine Arme.

Laß mich auf den Bericht verzichten, woher mein Schweigen kommt, was für Bitternis mich umgibt und warum ich meine Arbeit so unmenschlich vorantreiben muß und möchte, meine eigene und die des Übersetzens.

Habe ich Dir geschrieben, daß ich allein im Laufe des Juni Shakespeares »Macbeth« übersetzt und in überarbeiteter und abgeschriebener Fassung abgeliefert habe? Alles geht in diesem Tempo.

Es gab Aufregung, als man über meinen »Faust« in »Nowyj mir«[31] hergefallen ist, und zwar mit der Begründung, ich hätte angeblich die Götter, Engel, Hexen, Geister, den Wahnsinn des armen Gretchen und alles »Irrationale« allzu gut wiedergegeben, die fortschrittlichen Ideen Goethes (welche?) hingegen in den Schatten gestellt und unbeachtet gelassen. Ich aber habe einen Vertrag für den zweiten Teil! Ich wußte nicht, wie das ausgehen würde. Glücklicherweise wirkt sich der Artikel anscheinend auf die äußeren Umstände nicht aus.

Verzeih, aber einen vernünftigen Brief kannst Du von mir sobald nicht erwarten. Ich möchte Dir für den Anbau zu dem Häuschen am Jenissej etwas schicken, aber ich werde das nicht vor November können.

Ich laß das Schreiben, denn etwas Sinnvolles kann ich ohnehin nicht sagen: ich kann die geeignete epistolare Form nicht ausmachen.

Jelisaweta Jakowlewna hat mir aus ihrer Datscha geschrieben, sie macht sich in ihrem Brief um Dich Sorgen und lobt Dein Aquarell mit dem Blick auf den Jenissej.

Wie ähnlich wir uns sind! Alles, was Du über Assja geschrieben hast, über ihre Art, vervielfältigte Briefe zu schreiben, über ihre Umständlichkeit usw., all das sehe ich ganz genauso.

Ich küsse Dich.

Dein B.

25. September 1950

Lieber Boris!

Von Dir kommt so lange kein einziges Wort, daß ich mir echte Sorgen mache: bist Du etwa nicht gesund? Wenn Du gesund bist, und auch wenn Du krank bist, dann schreib mir doch, sobald Du diesen Brief erhalten hast, eine Postkarte, um mich zu beruhigen. Versteh, wieviel Kraft es mir nimmt, mir ständig über die wenigen verbliebenen nahen Menschen Sorgen zu machen, die noch am Leben sind. In der Tat bringt jede noch so kleine Nachricht vom »Kontinent« neue Kraft, sie sind der letzte Betriebsstoff für meinen Motor (»und statt des Herzens ein flammender Motor«!), welcher in diesem Sommer mit erheblichem Gestottere arbeitet.

Der Sommer war für die hiesige Gegend gut, viele Tage hintereinander hielt sich klares Wetter, und demzufolge wurde alles Geheimnisvolle in der Natur offenbar, war sehr schön. Doch ließ sich diese Schönheit wegen der ständigen, pausenlosen Überlastung nur in kleinen Happen genießen. »Die Kleinigkeiten des Lebens« haben mich und mein Leben endgültig aufgefressen. Noch nie habe ich in ständigem Gerangel, ständiger Hetze, ständigem Kampf um das tägliche Brot gelebt, obwohl es mir recht unterschiedlich gegangen ist. Doch immer, unter beliebigen Umständen, war es mir gelungen, wenigstens ein bißchen Zeit »für die Seele« abzuzwacken. Hier ist das nicht möglich, und deshalb bin ich ständig unruhig, alle meine bis zum Geht-nicht-mehr angefüllten Tage kommen mir hoffnungslos leer vor, ich werfe mir Faulheit vor, in der Tat aber ist das gar nicht so. Kannst Du Dir vorstellen, was das für eine entsetzliche Lage ist – ein Arbeitstag, dessen einziges Ergebnis es ist, gegessen zu haben und schlafen zu wollen! Alles, was in mir früher bis zu dem Tag, an dem es würde erwachen dürfen, geschlafen hat, ist jetzt hellwach geworden, irrt sinnlos herum und ist sich dabei vollständig der Unwiederbringlichkeit jeder vergangenen Stunde, jedes vergangenen Tages und Monats bewußt. Und es sind deren bereits nicht wenige vergangen. Anders aber kann man hier nicht leben, sonst überlebt man nicht, oder man müßte bei jeder Ziehung jeder Staatslotterie den Höchstgewinn haben und von fremder Arbeit leben, was immer unerträglich ist; sogar Mama, die darauf durchaus ein Recht gehabt hätte, hat sich immer darum bemüht, alles selbst zu tun. Wie gut verstehe ich sie!

Dennoch hoffe ich, daß es künftig leichter wird, vielleicht wird sogar im Winter ein bißchen freie Zeit für etwas Eigenes bleiben, weil der Sommer eine einzige Vorbereitung auf den Winter ist und es somit theoretisch im Winter freier und ruhiger sein müßte. Doch machst Du Dir erst bewußt, daß der Winter seinerseits eine Vorbereitung auf den Sommer ist, dann fühlst Du, daß Du bis zum Ende Deiner Tage so im Kreise herumlaufen wirst, erst ruhelos wie ein Eichhörnchen im Rad, dann wie ein blindes Pferd, ich erinnere mich bloß nicht, wo die blinden Pferde ihre Kreise ziehen, aber ich weiß um ihre Kreise! Übrigens bei dem Eichhörnchen fällt mir ein, ich hatte einmal eines und zwar zugleich im Käfig und im Rad, also ein Eichhörnchen zum Quadrat. Ich war ein kleines Mädchen, der Eichhörnchenkäfig stand am Fenster in meinem Kinderzimmer, das Eichhörnchen war rotbraun mit einer weißen Brust, und es machte überhaupt keinen Spaß zuzusehen, wie es im Rad lief.

Während des Sommers haben meine Freundin, mit der ich zusammen lebe, und ich das Häuschen, in dem wir wohnen, abgedichtet und verputzt, haben selbst einen Windfang davor gebaut, den wir auch verputzt haben – und das ist nur, wenn man es so schreibt, leicht! Das Baumaterial zu beschaffen, war sehr, sehr schwierig, denn an Privatpersonen werden solche Sachen nicht verkauft, aber schließlich und endlich haben wir uns als

Organisation ausgegeben, da gelang es uns, die notwendige Menge Schalbretter zu erwerben, die wir Stück um Stück hierher schleppen mußten. Dann haben wir mehr oder weniger legal Nägel gesucht und aufgetrieben. Dann haben wir eine Tür bestellt, die man uns zunächst zu schmal gemacht hat, dann zu niedrig, dann ist sie irgendwie aufgequollen, hat sich gesenkt, kurzum sie hat sich dann doch irgendwie so zurechtgezogen, daß sie nun paßt.

Dann haben wir uns mit lauter Schlössern, Haken, Rahmen, Glasscheiben, Balken und Brettern abgeplackt usw.

Aus dem Wald haben wir uns Moos geholt, aus Schluchten Lehm, haben Pferdemist und Kuhmist gesammelt zum Verputzen und Verreiben und dabei so getan, als ob wir jemand anderes wären – »bald mit Strohhalm in den Krallen, bald mit Federn in dem Schnabel«. All das geschah vor und nach der Arbeit, hinzu kam Kochen, Waschen, Scheuern und all die sonstigen kleinen Hausarbeiten. Und alles muß man selbst schleppen: Kartoffeln, Holz, Wasser. Und alles muß man wohl berechnen und dabei schrecklich sparen. Und ungeachtet dessen, daß wir alles mit eigenen Händen machen, ist dieses »alles« für uns sehr teuer. Im Augenblick würde ich am allerliebsten in einem Hotel, möglichst in Moskau, leben und herumschlendern: in Museen, zu Besuchen und einfach die Straßen entlang. Selbst im Traum sehe ich immer die Stadt, sehe Städte, in denen ich nie gewesen bin, aber ich erkenne sie im Traum, die Dorfwelt aber hängt mir Gottseidank im Wachen so sehr zum Halse heraus, daß sie mir nicht mehr träumt.

Schließlich und endlich aber ist unser kleines Häuschen prächtig geworden, innen und außen weiß, sauber und sogar gemütlich. Wenn ich von der Arbeit komme, freue ich mich jedesmal darüber, daß dieses Plätzchen das meine ist, daß es keine Nachbarn und Vermieter gibt, daß es still ist und daß ringsum das weite Ufer liegt und daß ich durch alle drei Fenster den großen, vorläufig noch verhältnismäßig ruhigen Fluß sehen kann.

Wir waren ein paar Mal im Wald, haben ziemlich viele Pilze gesammelt, haben sie eingesalzen, eingelegt, getrocknet. Drei Dosen Marmelade haben wir eingekocht, es hätten auch drei Eimer voll sein können, Beeren gibt es genug, aber der Zucker ist zu teuer. An Beeren gibt es hier Heidelbeeren, Rauschbeeren, irgendwo auch Preiselbeeren und Torfbeeren, aber wir sind mit der Gegend nicht vertraut und haben Angst, zu tief in die Taiga einzudringen. Jeden Sommer wird hier jemand vermißt, in diesem Jahr zum Beispiel hat sich die Schwiegermutter des Milizchefs verirrt. Man hat sie zu Fuß und mit Flugzeugen gesucht, aber nicht mehr gefunden.

Unser Häuschen ist das äußerste am Ufer, liegt unmittelbar unten am Steilufer. Linker Hand gibt es in einer Entfernung von etwa dreihundert Metern Nachbarn, sie leben in einer Erdhütte, auf der rechten Seite gibt es niemanden. Einmal haben wir nachts ziemliche Angst bekommen. Uns weckte ein wahnsinniges Klopfen, das von wüstem Fluchen begleitet war. Wir machten nicht auf, es klopfte immer weiter, dann fing der nächtliche Gast an, die Tür aufzubrechen, riß den Haken heraus und brach in den Windfang ein. Ich raffte meinen Rest an Tapferkeit zusammen, sperrte meine Freundin ins Zimmer ein und begab mich selbst in den Windfang. Dort fand ich einen hoffnungslos betrunkenen Leutnant, über und über mit Seifenschaum und saurer Sahne bekleckert. Als er in den Windfang eindrang, war eine Büchse mit

Sauermilch auf ihn gekippt, er selbst war in einen Eimer mit Seifenwasser getreten, der von der Wäsche übriggeblieben war. Auf meine vorwurfsvollen Fragen antwortete er, er würde sich seiner Ansicht nach in den Bergen an der Grenze befinden, wo jeder Bewohner froh sei, einen durchgefrorenen Grenzsoldaten aufzunehmen und aufzuwärmen. Ich sagte ihm, er habe zweifellos irgendwelche Grenzen überschritten und bot ihm an, ihn in ein Haus zu bringen, wo man ihn aufnehmen, aufwärmen und mit offenen Armen empfangen würde. Erst muckte der Leutnant etwas auf, denn er fand nun einmal, der beste Platz zum Erholen und Aufwärmen wäre unser Haus. Dann aber gab er nach, ich faßte ihn unter den Arm und schleppte ihn mit Müh und Not bis ... zur Miliz, wo ich ihn dem diensthabenden Milizionär übergab, der vor allem über meine Erscheinung höchst verwundert war (ich habe den betrüblichen Ruf einer ordentlichen und alleinstehenden Frau!). In der Tat war ich recht leichtfertig gekleidet – Pantoffeln an den bloßen Füßen, einen Rock und eine Wattejacke, die über einem Minimum an Unterwäsche offenstand. Dann eingehakt mit mir der Sauermilch-Seifenschaum-Leutnant. Indes, so etwas passiert hier sehr selten, so daß ich hoffe, daß dieser Leutnant der erste und letzte gewesen ist.

Gegenwärtig quäle ich mich mit dem Brennholz ab – wir brauchen für den Winter 20-25 Kubikmeter, bis jetzt aber haben wir erst fünf. Fünf Sack Kartoffeln haben wir gekauft.

Ein bißchen zur Besinnung komme ich nur im Bett, wenn ich die Lampe angezündet habe und in völliger Stille die allerschönsten Stellen Deines »Faust« und noch ein paar andere Übersetzungen wieder und wieder lese. Du hast recht: das Gesamtniveau der Übersetzungen

dieses Bandes ist hoch, Goethe wurde von der Schwerfäl-
ligkeit der früheren Übersetzungen befreit, auch von
fremden Variationen über sein Thema. Was für ein Glück,
daß ich weder Neid noch Eifersucht kenne und ganz
nüchtern begreife, in welchem Ausmaß ich hinter all den
guten Dingen zurückgeblieben bin, insbesondere auch
hinter Lyrikübersetzungen. Ich bin derart eingerostet,
daß ich zur Zeit nichts Vernünftiges zustande bringen
würde, so entsetzlich arm ist mein Wortschatz geworden.
Um so mehr freue ich mich über den Reichtum des
Wortschatzes dieser Nachdichtungen.

Meiner Freundin hat man zufällig zusammen mit einiger
alter, getragener Kleidung einen Band in Goldschnitt
geschickt: Vignys »Stello« auf französisch. Der Roman
wurde 1832 geschrieben, ich habe ihn jetzt schon über
zwanzig Jahre nicht mehr in die Hand genommen. Eben
aber habe ich ihn wieder wie mit neuen Augen gelesen
und mich an Mama erinnert, die dieses Buch sehr gerne
hatte. Es erzählt vom Schicksal dreier Lyriker verschiedener Epochen: Gilbert, Chatterton und Chénier. Erinnerst Du Dich daran? Ist es lange her, daß Du es gelesen
hast? Mich hat ein bißchen die Kluft zwischen dem
Thema und der Sprache gestört – die Sprache ist irgendwie allzu »barock«, so ganz in Gesten, wenn man das so
ausdrücken kann. Aber wie schrecklich war es in jenen
fernen Zeiten, ein e c h t e r Dichter zu sein! Von seinen
Zeitgenossen und von seinen Vorgängern sagt Vigny
offenbar zu Recht, »Le Poète a une malédiction sur sa vie
et une bénédiction sur son nom«, hingegen sagt er nicht
wenig Entsetzliches auch von unserem heutigen Standpunkt aus.

Also, ich werde sehr auf Post warten, und sei es eine
kleine Postkarte. Versteh doch, schon ziehen die Drei-

ecke der Wildgänse nach Süden, der unerbittliche Winter steht vor der Tür, und dann noch nicht einmal Briefe.

Ich küsse Dich innig.

Deine Alja.

Du weißt doch, heute ist der Geburtstag von Papa und Mama.

30. September 1950

Meine liebe Alja!

Ich habe einen Brief von Dir bekommen, einen Brief voller Seele und Verstand, über den Wald, über Deine Mama, über meine Übersetzungen. Immer zeige ich irgend jemandem Deine Briefe, brüste mich damit, wie schön sie sind.

Ich hingegen schreibe Dir in letzter Zeit hohle, seelenlose, eilige Notizen, denen es an Inhalt mangelt, einfach damit Du nicht denkst, ich hätte Dich vergessen, und damit Du Dir keine Sorgen machst.

Warum ich in letzter Zeit, abgesehen vom Zeitmangel, so still und einsilbig geworden bin, das läßt sich nicht erklären.*

. . . ungeschickter Ausdruck meines Wesens, das durchaus nicht finster, sondern licht und freudig ist, überschattet sie und infiziert sie mit falsch verstandenen Stimmungen, so daß es den Menschen, die es ohnehin schwer genug haben, schadet, mir zuzuhören.

Vielleicht ist das ein hypochondrischer Anfall, aber ich bin es doch, der sich zurückhält, um Dich nicht mit großen Schreiben zu belasten. Verzeih mir.

Wahrscheinlich hast Du, ehe Du mir über den »Faust«

---

* Die Hälfte des Blattes habe ich damals, 1950, oder später, 1953, abgerissen und verbrannt. A. E.

geschrieben hast, die Beschimpfung der Übersetzung in »Nowyj mir« in die Hand bekommen. Reg Dich nicht auf. Das sind Kinkerlitzchen . . .

7. Oktober 1950

Lieber Boris!

Wie habe ich mich gefreut, als ich endlich Deine Handschrift auf dem Umschlag sah! In der Tat hat Dein so langes Schweigen die ganze Zeit unbewußt an mir genagt und gebohrt, ich habe mir große Sorgen gemacht, ohne so recht zu wissen, warum. Sicher weil die ganze Summe an Sorge, die mir bei meiner Geburt nach der Berechnung des Himmels für alle meine Nahen, Verwandten und Bekannten zugemessen wurde, jetzt auf zwei bis drei Menschen verteilt wird. Mehr Sorge als Menschen. Ich erwarte von Dir keine »ausführlichen« Briefe, einmal, weil ich von Dir in dieser Hinsicht nicht verwöhnt bin, und zum anderen, weil ich weiß und verstehe, wie beschäftigt Du bist. Aber ich meine, daß zwei wortkarge Postkarten im Monat weder Goethe noch Shakespeare schaden würden, mir aber bestimmt Gewinn brächten, dann wüßte ich das Wesentliche – daß Du lebst und gesund bist, alles übrige würde ich bei meiner prächtigen dreifachen Intuition (der angeborenen, der ererbten und der wohlerworbenen) erraten.

Wir haben seit 28. September so richtigen Winter, der begann in diesem Jahr zehn Tage später als im letzten, als der Schneefall gerade zu meinem Geburtstag einsetzte. Schon beherrschen Filzschuhe, Kopftücher und all diese winterliche Tolpatschigkeit das Bild. Alles ist geweißt, abgestorben, verstummt, aber noch fahren die Dampfer, heute kam der vorletzte in diesem Jahr. Zwei Dinge sind

unerträglich – wenn die Wildgänse davonziehen und
wenn der letzte Dampfer abfährt. Die Gänse habe ich
schon hinter mir – sie fliegen im Dreieck wie ein
Feldpostbrief[32], rufen einander mit heiseren, aufgeregten
Stimmen zu, die einem die Seele herauszerren. Was ist das
für ein wunderbarer Ausdruck »die Seele herauszerren«,
denn gerade so ist es – da fliegen die Gänse, und die letzte
hält in ihrem Schnabel einen Faden von dem Knäuel, das
ich in meiner Seele berge. Oh, du Faden der Ariadne! Im
Wald ist es mit einem Schlage still und weit – wieviel
Raum dieses Laub einnimmt! Laubwerk – das ist Poesie,
ist Literatur, aber der Wald heute, das sind nackte
Tatsachen. Wirklich, die Bäume stehen nackt da wie die
Tatsachen, und du fühlst dich dort so unbeholfen wie ein
Kind, das in ein Gebüsch mit lauter Ranken geraten ist.
Vor ein paar Tagen war ich da, um Reisig für Besen zu
holen, habe mir das Nötigste abgebrochen – und dann so
schnell wie möglich nach Hause, irgendwie war es
beklemmend. Das Weiß ringsum ist blendend. Die Natur
hat aus ihrer Vergangenheit eine weiße Seite gemacht, um
im Frühling eine ganz neue Biographie zu beginnen. Sie
darf das. Vor allem aber kam mir, als ich in den Wald
gegangen bin, ein Mensch entgegen, von dem ich genau
wußte, daß er im vorigen Jahr gestorben ist. Er ging
vorüber und grüßte. Bis jetzt habe ich nicht begriffen, ob
das er war oder jemand, der ihm gleicht. Wenn er es war,
dann war er also am Leben, wenn nicht, dann war er ihm
ähnlich und auch am Leben.

Mit der Gesundheit geht es einigermaßen, nur mit dem
Herzen ist es beschwerlich. Das ist so ein Klima, weiter
im Norden ist es noch schwerer. Steigt man auf einen
Hügel, ist das wie auf einen Gipfel im Gebirge, ein Eimer
Wasser wiegt gleichsam doppelt so viel, wie er sollte, oder

richtiger, doppelt so viel, wie in ihm ist. Lilja hat mir ein wunderwirkendes Herzmittel geschickt, das nach Kampfer und Naphtalin riecht und außerdem noch nach Mottenpulver. Ich kann keine Tropfen abzählen, daher schlucke ich das Mittel, wie es kommt, glaube dabei, es wird helfen, wenn schon nicht das Mittel selbst, so doch das Gefühl, mit dem Lilja es geschickt hat. Überhaupt geht es mir nicht ganz so glänzend, weil meine Freundin, mit der ich zusammen lebe, nicht mehr arbeitet und wir plötzlich mit meinem halben Lohn pour tout moyen d'existence dasitzen, also mit 225 Rubeln im Monat für zwei Personen. Mit der Arbeit ist es sehr schwierig, weil wir zur physischen Leistung beide fast unfähig sind, von »geistiger« Arbeit aber darf man nicht einmal träumen. So schwer meine Arbeitsbedingungen auch sind, so unsicher das Arbeitsverhältnis selbst, bin ich mir doch buchstäblich jeden Tag und jede Stunde dessen bewußt, wie glücklich ich dran bin, daß ich wenigstens dies habe. Außerdem liebe ich alle unsere Feiertage und besonderen Daten, und mein ganzes Leben hier besteht aus einer ständigen Vorbereitung darauf.

Wie gut, daß wir in der Zeit, als wir noch beide arbeiteten, die Vorbereitung unseres Hauses für den Winter abgeschlossen haben und uns mit dem Allernotwendigsten versorgen konnten – wir haben zwei Liegen, drei Hocker, zwei Tische (von denen einer mir gehört, zum Arbeiten), haben Geschirr, Eimer usw. Wir haben fünf Sack Kartoffeln, haben ein halbes Faß Kohl eingesalzen (hier bei uns wächst keiner, man hat ihn von irgendwoher angeschafft), außerdem haben wir Pilze eingesalzen und eingelegt, haben auch welche getrocknet, haben zwei Dosen Marmelade eingekocht, so daß wir etwas besitzen, um den Winter zu beginnen. Nur mit dem Holz ist es schlecht, wir konnten nur einen ganz kleinen Vorrat herbeischaffen und brauchen etwa zwanzig Kubikmeter. Es ist für Dich sicher entsetzlich öde, all diesen Haushaltsunsinn zu lesen, aber ich kann einfach nicht anders, als das hinschreiben. Es ist wie eine Krankheit, so wie manche Menschen allen mit irgendeiner Wanderniere oder einem Geschwür auf die Nerven fallen und dabei annehmen, das sei für andere wahnsinnig interessant.

Den Artikel über »Faust« habe ich nicht gelesen, nur eine Reaktion auf ihn in der »Literaturnaja gaseta«, ich habe Dir darüber geschrieben.

Lieber Boris, wenn Du nur ahntest, wie sehr es mich nach Hause zieht, wie entsetzlich jammervoll mir zumute ist – da geht man nach draußen, und es ist eine Stille, als ob man sich die Ohren mit Watte zugestopft hätte. Da ist diese Weite – dies Weitwegsein von allen und von allem! Vielleicht hätte ich diese Weite lieben können, vielleicht hätte ich sie selbst gewählt, s e l b s t ! Wenn die Sonne von hier abzieht, dann werde ich ganz kleinmütig. Wahrscheinlich habe ich einfach Angst vor der Dunkelheit!

Ich küsse Dich innig, schreibe mir Postkarten, ich warte so sehr darauf. Wenn Du im Sommer irgend etwas Eigenes geschrieben hast, schick es mir bitte, jede kleine Zeile von Dir ist eine Freude.

Deine Alja

Kürzlich konnte ich mir »Madame Bovary« beschaffen, ich liebe sie sehr und Du? Ein großartiger Roman, nicht schlechter als »Anna Karenina«. »Salambo« aber erinnert mich an ein Wachsfigurenmuseum – ungeachtet aller Leidenschaften. Weißt Du, daß es noch einen Pasternak gibt, einen Dichter, anscheinend einen litauischen oder etwas ähnliches, ich habe seine Verse in der »Literaturnaja gaseta« gelesen.

10. Oktober 1950

Lieber Boris!

Heute bekam ich Deinen zweiten Brief fast unmittelbar nach dem ersten, und ich möchte sofort reagieren, wenigstens ein bißchen, soweit es die Zeit erlaubt, richtiger, der Mangel daran. Dein Brief hat mir sehr wohlgetan und mich gewärmt, mehr noch, er hat mich mit einer inneren Energie geladen, die mich immer seltener und seltener besucht. Hab Dank dafür. Nein, die Rezension in »Nowyj mir« habe ich nicht gelesen, nur die Rezension auf die Rezension in der »Literaturnaja gaseta«. Auch diese schwache Reaktion auf jenen Artikel hat mich sehr traurig gemacht, nicht weil man das, was mir gefällt, »heruntergemacht« hat, sondern weil der Kritiker einen Eindruck bekommen hat, der meiner Ansicht nach ebenso falsch ist wie der »wissenschaftlich begründete«. Ich habe an seine Aufrichtigkeit nicht glauben können, weder an die des Kritikers noch die der Kritik, und das hat mich vor allem betrübt. In Deinem »Faust« überwiegen Licht und Klarheit ungeachtet aller Teufelswelt, und da ist so viel Leben und Lebensfülle, sogar gesunder Menschenverstand, daß alles, was jenseits des Grabes und auf der anderen Seite liegt, beim Berühren verblaßt, sogar – ungeachtet der Übersetzung – ein wenig wie Attrappe wirkt. (Das ist übrigens eine interessante Sache, dieser Goethesche gesunde Menschenverstand findet sich schließlich überall und durchweg, er überwindet den Stil, den Zeitgeist, die Mode, die Phantasie, den Schwung. An ihm ist etwas schrecklich terre-à-terre, und sein »Gott der Details«, mit den Details zusammengenommen, ist ein höchst praktischer Onkel, alle Details sind sinnvoll geordnet und stabil, das übrige ist Zierat und Vergoldung. So spürt man, daß er sich gerade bei »Hermann und Dorothea« zu Hause fühlt, auch in den »Leiden des jungen Werthers«, solange es dort nur Kinder und Butterbrote gibt und noch nicht nach Selbstmord riecht. Auch die Faustsche Teufelswelt ist bei näherer Betrachtung nicht unterirdisch, auch nicht überirdisch, und die Geister selbst futtern in ihrer dienstfreien Zeit deutsche Hausmannskost. Übrigens, seine Margarethe mag ich nicht, sie ist schwächer als alle übrigen.) Ja, weißt Du, diesen ganzen Goetheschen gesunden Menschenverstand, seine Lebensnähe, seinen etwas groben Realismus sogar im Irrealen habe ich erstmals wirklich aus Deiner Übersetzung entnommen (dabei habe ich vorher nicht wenige Übersetzungen gelesen, sie alle waren blutarm und wortreich), woraus ich ganz zu Recht schließe, daß es eben gerade Dir gelungen ist, die »fortschrittlichen Ideen« Goethes dem Leser nahezubringen, und daß der Kritiker aus »Nowyj mir« sich schlecht hineingelesen und noch schlechter geschrieben hat.

Du hast selbstverständlich schrecklich unrecht, wenn Du sagst, Du würdest »Deinen Freunden kein Glück bringen« usw. Natürlich ist das reine Hypochondrie (mehr als das!) und eine übermäßige Rücksichtnahme gegenüber den Freunden. Du bleibst auch im Kummer licht und gut, und gerade daraus erwächst in Deinen Briefen (und in einem selbst!), wenn man sie liest, die innere Energie, von der ich oben sprach. Es ist schwer, das alles zum Ausdruck zu bringen, zu definieren, meine Gedanken sind durch den Mangel an Umgang mit Menschen und die Unmöglichkeit zu schreiben schrecklich verschwommen und lassen sich, wie Gefühle, schlecht zu Papier bringen. Aber ich möchte glauben – es wird eine Zeit kommen, in der die Enkel der heutigen Kritiker über das Optimistische Deines Schaffens schreiben werden; ihnen wird es leicht fallen, das zu beweisen, es wird unumstritten sein, so wie sich jetzt das alte Griechenland unumstritten aus den Ausgrabungen erhoben hat. Ob das nun, wo Du doch eben heute lebst und atmest, tröstlich ist, weiß ich nicht, aber ich weiß, daß es das Los der Auserwählten ist, unumstößlich und unvergänglich wie der Sternenhimmel. Warum fühle ich mich so zu Dir hingezogen, freue mich so tief über Deine Briefe, fühle so sehr, wer ich selbst bin, wenn ich an Dich denke und Dir schreibe? Nicht nur, weil Du ein alter Freund bist, weil mir Dein Name für immer mit dem von Mama verbunden ist, weil ich um ihretwillen auch Dich selber liebe – auch noch, weil ich, die noch nichts geschaffen hat, die Sehende und Hörende, doch Stumme, die nie etwas geschaffen hat, mich zu Dir wie zum Schöpfer hingezogen fühle, zu Deiner irdischen (der einzigen, an die ich glaube, der edelsten, denn menschlicher Hand entstammenden) – Unsterblichkeit. Ich liebe und verehre Dich auch deshalb sehr, weil Du Dein Talent nicht in die Erde vergraben hast, weil Du ihm nicht à la Mitschurin[33] etwas aufgepfropft hast, und überhaupt um alles in der Welt. Verzeih mir meine verfluchte Zusammenhanglosigkeit und Sinnlosigkeit, mit der ich versuche, Dir das auszudrücken, was in meinem Kopf so gut zusammenpaßt. Und glaube nicht, wie Du mir einmal geschrieben hast, ich versuchte, »eine Romanze per Distanz einzufädeln« (Du hast das nicht so geschrieben, aber der Sinn war etwa derart), nein, das liegt so fern aller Romanzen wie die nordische Nacht um mich, wie der Jenissej, der auf seinem stählernen Rückgrat Eisschollen schleppt, wie der von Sternen durchbohrte Himmel, der die kalte Erde eisern umklammert.

Trotzdem, es lebt sich schwer, wahrhaftig. Das Leben nutzt sich irgendwie ab, verstehst Du, nicht so sehr ich selbst, sondern eben mein Leben. So muß es entweder vor dem Tode oder am Vorabend eines anderen Lebens sein. Ich träume manchmal einfach, daß ich wieder in Moskau bin, und ich möchte kein anderes Leben. Das ist die einzige Stadt, an die mein Herz gebunden ist, die anderen habe ich im Gedächtnis – laß mich ihnen gegenüber doch ungerecht sein – wie Postkartenalben. Mit Moskau beginnt mein Heimatgefühl, und es kehrt nach einem großen Bogenschlag über die ganze Sowjetunion nach Moskau zurück. So war es bei mir auch mit Mama. Mein Leben begann mit meiner Liebe zu ihr und wird mit dieser enden – vom kindlichen, halb feiertäglichen Gefühl, dem halb (von Mama) abhängigen bis zum bewußten Gefühl, das, nach allem Durchlebten, fast ein gleichberechtigtes war (ebenfalls mit Mama).

Heute abend kam der letzte Dampfer – fuhr auf dem dunklen Fluß, über den sich ein leichter Eisfilm gebreitet hat, der sich in wenigen Tagen zum Winterpanzer zusammenfügen wird, zusammengeschweißt in der widerlichen Farbe frisch gefrorener Fische. Ein prächtig geputzter Dampfer, etwa so wie die, die auf der Moskwa fahren, lief bei uns ein, stieß die Eisschollen auseinander, brachte die letzten Passagiere, die letzte Fracht – bis zum nächsten Frühjahr. Es ist ein kurzer Zwischenraum von Winter zu Winter, ein kleiner Zeitsprung von einer Eisscholle zur anderen. Das kann doch nicht so weitergehen bis ans Ende der Tage!

Bald beginnt die Reihe der Winterfeiertage, und ich

arbeite schrecklich viel, bin über alle Maßen müde, erarbeite die elenden Groschen und halte mir ungeachtet dieses letzten Umstandes zu Hause zwei kleine Hunde mit ihrer Mama und einen Kater. Der Kater fängt überhaupt keine Mäuse, die Hunde schlafen in ihrem Kasten mit Sand und machen überall Schmutz, aber das bringt ein wenig Abwechslung in meine überaus monotone Existenz. Bei uns ist es ein Uhr nachts, bei euch erst neun Uhr abends.

Ich küsse Dich.

Deine Alja

Wenn möglich, schick mir irgend etwas Neues von Dir, Du hast so lange nichts geschickt!

8. November 1950

Lieber Boris!

Hab Dank, ich habe alles bekommen und wie immer wirklich im richtigen Augenblick. Ich konnte wegen des Hochbetriebs vor den Feiertagen nicht sofort antworten – ich arbeitete schrecklich viel und schrecklich pausenlos den ganzen Oktober und Anfang November, und heute, am ersten Tag, an dem ich ein bißchen verschnaufen kann, fühle ich mich unsicher und zerfahren wie nach einer Krankheit. Solche bis zum Geht-nicht-mehr mit Arbeit überhäuften Tage haben einen großen Reiz, wenn alles, was einem aufgetragen wurde, allmählich der eigenen Hartnäckigkeit weicht, sie haben keinen geringeren Reiz als Tage völliger Muße, wenn man sich selbst der freien Zeit, den Büchern, der Natur hingibt. Nur gibt es derartige Tage jetzt fast überhaupt nicht, ewig belastet einen das Bewußtsein des Nichtgemachten und Nichterledigten. Früher war ich in dieser Hinsicht erheblich weniger kleinlich, und das war besser, leichter.

Der Frost ist unerträglich. Gestern, am 33. Jahrestag des Oktobers[34] hatten wir 52 Grad Kälte, so daß die Versammlung und jener Anklang an eine Demonstration, der bei uns an Festtagen üblich ist, wenn das Wetter es erlaubt, abgesagt werden mußten. Mir tat das sehr leid, denn nach Moskau fühle und spüre ich Festtage nirgendwo so wie hier, eben weil es hier so abgelegen und öde ist, so still und schneereich. In Moskau ist es ja überhaupt keine Kunst zu feiern, der Rote Platz ist schon an sich ein Feiertag, ihm sind Versammlungen und Fahnen von Geburt her auf den Leib geschrieben, hier aber machen die roten Tücher mit den Losungen, die Flaggen, die Fähnchen irgendwie besondere Freude, so wie ein Licht in einem Fenster, das Zeichen einer Behausung, ein Zeichen dessen, daß es nicht nur Arbeit auf der Welt gibt, sondern auch noch gemeinsame Freude, und sei sie von Schneebergen eingeengt!

Also – die ganze Zeit seit Mitte Oktober Frost, Frost, Frost. Wir wachen im Frostnebel auf, durch den, kurz aufeinander folgend, kaum Sonne und Mond hindurchdringen oder die zwei, drei Sterne, die riesig, unbeweglich sind, wie in Bethlehem. Man kann nicht atmen, man schluckt keine Luft, sondern ein Gemenge, das nicht von dieser Welt ist und sich in die Brust bohrt. Alles tönt – die Holzscheite, die einem, wenn man ein Bündel packt, vor Kälte die Hände verbrennen, auch der Schnee unter den Füßen und das ferne Hundegekläff, der eigene Atem und der Rauch, der aus dem Schornstein aufsteigt. Der Nebel löst sich selbst tagsüber nicht auf, es wird nur heller, abends ist es dann wieder dasselbe: Sonne, Mond und die drei grellen Sterne, und dann wieder dasselbe, nur ohne die Sonne. In ein paar Tagen wird wahrscheinlich der Schneesturm einsetzen, und an die Stelle der vertrauten Pfade, die wie frischer Kohl unter dem Messer knirschen, werden bucklige Schneeverwehungen mit scharfen Kanten auftauchen, unser Häuschen wird ganz im Schnee versinken. Ungeachtet solcher Eiseskälte hat sich der Jenissej noch nicht ganz unter dem Eis versteckt, noch erkennt man hier und dort lebendiges Wasser, das aus irgendeinem Grunde ganz golden unter dem Silber des Eises schimmert, so daß es wie der Beschlag einer Riesenikone aussieht. Diese kleinen Stückchen der Folie – des Wassers – rauchen, von ihnen steigt Dampf auf, der sich mit dem Nebel vermengt. Überhaupt ist es schön, nur schwer, solche Kälte zu ertragen.

Die Tunguska ist schon lange gefroren, fest und für lange Zeit. Über sie transportiert man das Heu, das man auf dem anderen Ufer gemäht und bis zum Frost liegengelassen hat, transportiert man Holz – das eine wie das andere meistens mit Hunden. Den Lajkas ist schon seit langem das Winterfell gewachsen, durch das nichts, nicht einmal die Luft dringt, und sie sehen selbst so aus wie die Heufuhren, die sie ziehen. Sie schlafen im Schnee, bergen dabei die schwarze Nase im weißen Schwanz, und wenn man an ihnen vorübergeht, öffnen sie träge ein rundes braunes Auge und verfallen wieder in ihr Träumen. Sie beißen nie, und obwohl »Lajka« ja »Beller« heißt, bellen sie sehr selten. Wir haben auch einen kleinen Hund, aber keinen echten Nordländer, sondern einfach so eine Art Dorfköter. Seine Wolle ist nicht so dicht, wie hier erforderlich, daher lebt er zusammen mit uns im Hause, aber er ist ein guter Wächter, er bellt und kann auch zubeißen. Dann haben wir noch einen sibirischen Kater, Roman, dem es nicht schlecht geht, obwohl er die einzige Maus, die sich bei uns eingenistet hatte, schon vor zwei Monaten fing und fraß. Statt nach Mäusen schnappt er nach dem Schwanz des Hundes und wirbelt lauter Zettel und Zeichnungen von mir durchs Zimmer. Vor kurzem hatten wir drei kleine Hunde, die Jungen von unserem, aber da sie allzu viel Unruhe in unser stilles Leben gebracht haben, verschafften wir ihnen bei guten Familien eine vernünftige Bleibe und erholen uns jetzt von ihnen und ohne sie.

In diesem Monat vor dem Feiertag gelang es mir nicht, irgend etwas zu tun oder zu lesen. Vom allerfrühesten Morgen bis in die allerspäteste Nacht schrieb ich Spruchbänder und immer noch mehr Spruchbänder, machte Wandzeitungen und Ehrentafeln zurecht und konnte schließlich und endlich alle Aufrufe und Prozentzahlen der Pläne für Fischfang und Pelzgewinnung auswendig, ebenso alle vorgesehenen Zitate usw. Etwa zwei Wochen war ich krank, hatte hohes Fieber, mußte aber trotzdem arbeiten – ob nun mit Fieber oder ohne Fieber, wie es kam. Zu guter Letzt ging es so, wie es gekommen war, von selbst vorbei. In diesem Jahr hat mich niemand beschimpft, niemand gezwungen, etwas wieder anders zu machen, ich weiß selbst nicht, warum. Üblicherweise wird vor den Feiertagen immer geschimpft, gehetzt, ist man mit allem unzufrieden, und zwar nicht, weil etwas »schlecht« ist, sondern weil es »nicht gefällt«, wobei dem einen das eine, dem anderen das andere nicht gefällt und es schwierig ist, unter solchen Umständen zu arbeiten. Es ist überhaupt nicht leicht. Ich werde jetzt vom ersten November an den vollen Lohn erhalten, habe ich doch über viele Monate hinweg nur die Hälfte bekommen. So wird es ein wenig leichter werden, ich bin sehr zufrieden, wenn man auch selbst mit meinem vollen Lohn keinen

Staat machen kann, aber es ist immerhin gut so. Für das von Dir geschickte Geld habe ich Holz gekauft und zwei Männer zum Sägen angeheuert, die das Holz sägen, spalten und aufschichten werden. Das ist zwar keine schwere Arbeit, aber sie wird durch den Frost so mühsam, und ich möchte sie nicht selbst tun, wenn es eine andere Möglichkeit gibt. Ich habe auch noch etwas übrig behalten für mancherlei laufende Bedürfnisse und Dinge. Das Wichtigste war, daß ich Holz kaufen konnte, ohne Holz kann man hier wahrhaftig nicht überleben – im wahrsten Sinne des Wortes. Hab Dank, Du mein Lieber, für die Wärme, die Du uns gegeben hast. Wie erleichtert sie das Leben!

Im Augenblick lese ich wieder einmal – und mit unverändertem Vergnügen – »Tom Sawyer«, obwohl ich das Buch seit meiner Kindheit nicht nur auswendig kann, sondern sogar die verschiedenen Fassungen der verschiedenen Übersetzungen auswendig weiß. So deklamiert zum Beispiel in dem Büchlein, das ich als Kind hatte, das Mädchen in der Sonntagsschule den Vers »Mary hatte ein Lämmchen«, in der Übersetzung von 1949 »Mary hatte einen kleinen Hammel«. Das ist zwar dasselbe, aber Lämmchen ist besser, denn ein kleiner Hammel ist etwas zum Essen, Lämmchen paßt gut zur »Sonntagsschule«.

Der frühe Winter hatte für uns, also den Ort Turuchansk, auch etwas Gutes: der letzte Dampfer hatte Äpfel und Zwiebeln zum Weitertransport nach Norden an Bord, hat sie aber bei uns abgeladen, weil er Angst hatte, nicht bis zum letzten Hafen zu gelangen (das klingt ganz wie in der Bibel!), so wurden zum ersten Mal seit langen Jahren hier richtige Zwiebeln und richtige, frische Äpfel verkauft!

In unserem kleinen Häuschen geht es uns zur Zeit gut,

es ist warm und gemütlich, und ich bin einfach glücklich, daß ich ein Eckchen für mich habe, ohne Hexen und Unholde in der Gestalt von Vermietern und sonstigen Nachbarn. Wir haben etwa zehn Kubikmeter Holz, also die Hälfte des Winterbedarfs, haben Kartoffeln und sogar Sauerkraut, haben Pilze, eingesalzene, getrocknete und eingelegte, haben sogar ein kleines bißchen Heidelbeermarmelade. So ist also im Vergleich mit dem letzten Winter alles – unberufen toi, toi, toi – besser, und das haben wir Dir zu verdanken. Unsere sommerliche Plakkerei mit der Reparatur und dem Abdichten des Häuschens hat sich als äußerst nützlich erwiesen, denn bisher zieht es nirgendwo, und es ist selbst bei 50 Grad Kälte kein Frost eingedrungen. Du findest es sicher schrecklich langweilig, diese Haushaltseinzelheiten zu lesen, aber ich schreibe einfach so, wie es kommt, und mir scheint das Thema der »Unterwerfung des Nordens« selbst in solchem Miniaturmaßstab sehr interessant zu sein!

Ich bitte Dich sehr darum, schicke mir, wenn es möglich ist, irgend etwas, was Du selbst geschrieben oder übersetzt hast.

Innig küsse ich Dich.

Deine Alja

5. Dezember 1950

Alja, Du Gute, verzeih, daß ich Dir so selten und wenig schreibe, so viel seltener und weniger, als ich möchte, daß es mir vorkommt, als würde ich überhaupt nicht schreiben. Halte das nicht für Gleichgültigkeit oder Mißachtung.

Ende des Sommers habe ich anderthalb bis zwei Monate lang Eigenes geschrieben, die Prosa fortgesetzt, jetzt aber habe ich nach einigen Erwägungen beschlossen, die Übersetzung des zweiten Teils des »Faust« voranzubringen. Das ist so etwas in der Art Deiner Spruchbänder, schreitet langsamer voran, als das bei mir üblich ist, ein unüberwindbar, riesiges Gemisch im Ansatz vorhandener, aber in den Hintergrund gedrängter Genialität mit einer zur Schau getragenen und triumphierenden opernhaften Gestik. Eigentlich ist das eine Arbeit, die wirklich niemand braucht, doch weil man irgend etwas Unnötiges tun muß, werde ich am besten dieses tun.

Aletschka, ich habe das alles nur geschrieben, um diese halbe Seite irgendwie zu füllen. Das, was ich Dir sagen möchte, läßt sich in wenigen Zeilen ausdrücken. Das Leben, die Ortswechsel, die Enge der Wohnungen haben mich gelehrt, Wohnraum, Schränke und Schreibtischschubladen nicht mit Büchern, Papier, Entwürfen, Fotografien und Korrespondenz zu überfüllen. Ich vernichte, werfe fort oder gebe all das weiter, beschränke meine Manuskripte auf die laufende Arbeit, solange ich daran sitze, und die Bibliothek auf das Allerwertvollste, das Schicksalsträchtige oder Einmalige (aber auch das verschwindet glücklicherweise). Wenn es mich einmal nicht mehr gibt, dann bleiben von mir nur Deine Briefe, und alle werden zu dem Schluß kommen, daß ich außer mit Dir mit niemandem bekannt war.

Du hast Dein Leben, die Öde des Nordens und die Eiseskälte wieder umwerfend beschrieben. Es wäre reines Geschwätz und hohles Gerede, wenn ich dies nur um eines Lobes willen erwähnte. Hier das praktische Ergebnis: ein Mensch, der so sieht, so denkt und so spricht, kann sich ganz auf sich selbst in allen Lebensumständen verlassen. Wie sich sein Leben auch fügt, wie es ihn auch quält und zeitweilig sogar schreckt, er hat das Recht, mit leichtem Herzen die Linie fortzuführen, die er in der Kindheit begonnen hat, erkannte und liebte; er braucht nur auf sich zu hören und sich zu vertrauen.

Freue Dich, Alja, daß Du so bist. Was ist all Dein Ungemach gemessen an diesem Reichtum!

Innig küsse ich Dich.

Dein B.

6. Dezember 1950

Mein lieber Boris!

Mühsam überwinden unsere Nachrichten alle diese Schneemassen und Riesenräume – keine Briefe an Dich, keine von Dir. Du hast natürlich wahnsinnig viel zu tun, mich übermannt die Arbeit auch – kaum weniger als ich sie. Tag für Tag hetze ich mich ab wegen Kleinigkeiten, ohne Pause, mit einem Kopf, der vor lauter unvermeidbar Unerledigtem und anders zu Erledigendem zu platzen droht, selbst die Träume bestehen aus Kleinigkeiten, wie ein zerstreutes Kartenlotto oder ein Puzzlespiel. Offenbar ist der »Gott der Details« ein grimmes Wesen, und ich fühle mich sehr unglücklich, weil sich aus den Kleinigkeiten, denen ich meine ganze Zeit, also mich selbst opfere, nichts Heiles, nichts Ganzes ergibt. Immer nur irgendwelche Scherben. Natürlich, jetzt sind die Monate mit den meisten Feiertagen, also der meisten Arbeit. Schon im Januar wird es leichter werden. Dieser Winter ist ganz anders als der letzte. Damals war durchweg eisiger, unerträglicher Frost! Diesmal herrschen eisige Winde, Schneestürme, Unwetter, alles ist in eintöniger Bewegung. In einer Nacht wachsen um unser Häuschen Schneewehen höher als das Dach, und statt der gestrigen Wege finden wir Schneeberge, statt der gestrigen Schneeberge irgendwelche wunden Stellen, nackte Erde mit kümmerlichen Ansätzen vorjährigen Grases – vom Winde verweht. Da hat wohl ganz in der Nähe, irgendwo am Nordpol, jemand einen Riesenpropeller angeworfen, und es fehlt nicht viel, daß wir losfliegen! Dann eine kleine Pause von zwei bis drei Tagen, klar wie ein wirklich von Gott geschaffener Tag, alles ist an seinem Platz, alles ist unanfechtbar und stabil. Vor dem weißen Hintergrund bewegen sich nur Menschen, Pferde und Hunde. Dann wieder steht alles Kopf, wird restlos durcheinandergewirbelt. Der Wind weht »vom Felsen« (die »Felsen-Tunguska« – das ist ein Fluß), wieder herrscht der Schneesturm. All das zusammengenommen ist großartig. Großartig ist der Himmel, tosend und totenstill, sternenübersät und in einem Wolkenmeer ertränkt, großartig die Erde, wie sie das eine Mal sicher unter den Füßen dröhnt, ein anderes Mal mit schneeigen bösen Überraschungen droht, wunderbar der Wind, grad jener, der wie bei Puschkin die »Schneewirbel« dreht. Wunderbar ist all dies vor allem deshalb, weil es in unserem kleinen Häuschen sehr warm und gemütlich ist, weil wir Holz unter dem Vordach haben und die Elemente auf der anderen Seite bleiben, jenseits des Häuschens, des Holzes und des Vordachs. Im letzten Jahr drangen die Elemente sehr leicht in die undichte Hütte, und daher konnte ich mich an ihnen sehr viel weniger freuen als jetzt.

Morgen erwarten wir die Ankunft – richtiger die Landung – unseres Kandidaten für den Kreissowjet. Ich habe schrecklich viele Losungen geschrieben – sowohl für diesen Tag als auch für die Wahlkampagne insgesamt. Schon holt man in der ganzen Siedlung lauter kleine Glocken und Schellen zusammen, und es wird wieder

wunderhübsch wie im letzten Jahr – ein richtiger Feiertag. Nirgendwo kann man einen Feiertag so empfinden
wie in Sibirien. Ich weiß nicht, warum. Wahrscheinlich
sind die Menschen hier einfacher und unmittelbarer, der
Schnee ganz echt und die Nichtfeiertage öder. Stell es Dir
doch einmal vor: mitten in dem Schnee erstickter Alltage
plötzlich Troikas mit Schellen, Losungen, Fähnchen,
Flaggen, Jubel und Trubel, und all das in Wirklichkeit,
nicht im Kino.

Vor wenigen Tagen sind zu uns Tungusen auf ein paar
Rentierschlitten gekommen. Sie gingen ihren Geschäften
nach, und bei den Rentieren blieb nur eine hübsche Frau
mit einem großflächigen Gesicht, dunkler matter Haut,
zarten, wie bei einem Rentier glänzenden Augen. Sie trug
weiche Filzstiefel, die mit Glasperlen bestickt und mit
bunten Stofflecken geschmückt waren, darüber einen
langen Rentierpelz mit Kapuze und ohne Schließen; er
wird einfach über den Kopf gezogen. Das war wie im
Märchen – ein Wald von Rentiergeweihen über den
weichen, fahlgelben Rentiermäulern und dann die Rentiere selbst, hell mit goldbraunen Flecken und unter
ihnen ein einziges ganz weißes, geradezu silbernes, wie
verzaubert – ein Hochzeits-Ren.

In unserem Klub fehlte gerade zu Beginn der Wintersai-
son der künstlerische Leiter, und man erlaubte mir, einen
Laienspielkreis »im Rahmen der gesellschaftlichen Arbeit« zu organisieren. Ich habe zwei Sketche auf die
Bühne gebracht, die nicht schlecht ankamen, jetzt haben
wir uns an »Arzt wider Willen« gemacht. Gleich zu
Beginn kam mir etwas in die Quere: die Leute lehnten es
kategorisch ab, in kurzen Hosen und Strümpfen aufzu-
treten (die lachen uns aus!) und boten mir statt dessen
lange Hosen an, Zivilhosen, Militärhosen von der Flotte

und von der Luftwaffe mit blauen Streifen, Halbschuhe, Stiefel aus Leder, Fell oder Filz. Molière hat sich im Grabe umgedreht, es brach wieder einmal ein Schneetreiben aus, aber – es sei geklagt – bisher sind die Leute unerbittlich, und ich mache mir ziemliche Sorgen, wie ich das Stück auf die Bühne bringen soll!

Entsetzlich müde bin ich, mir fehlt der Schlaf, doch wann soll ich mich eigentlich einmal ausschlafen, wenn nicht in den Dezembernächten? Die Tage sind jetzt so kurz, dabei gleißend hell wie ein Blitz. Im Sommer kann man überhaupt nicht schlafen, es ist zu hell, da schläft niemand.

Ich habe einen Hund und einen Kater, und wenn ich zur Mittagspause nach Hause laufe, begrüßen mich zwei liebe Wesen: das eine liegt auf der Schwelle, wie es sich für einen Wächter gehört, das andere klettert vom Ofen wie ein Hausgeist. Für gewöhnlich habe ich nie Besuch und gehe nirgendwohin, es mangelt an Zeit und Lust. Ich lebe somit einsam, aber Einsamkeit belastet mich nicht und wird mich nie belasten, solange ich arbeitsfähig bin, und ohne arbeitsfähig zu sein, werde ich nicht leben. So kommt alles schon irgendwie hin, nur das Herz hat mit dem Klima Schwierigkeiten – vielleicht gewöhnt es sich daran.

Im Radio heißt es, in Moskau sei immer so um plus zwei Grad oder minus zwei Grad, das ist neiderregend und komisch. So etwas nennt sich Winter! Sonst bekommen wir hier über das Radio vier Mal am Tag Gymnastik-unterricht – aus verschiedenen Städten der Sowjetunion, dann immer wieder lauter Sendungen für Schulkinder – kleine, mittlere und größere, die Moskauer Sendungen hören für uns auf, wenn es nach Moskauer Zeit acht Uhr ist, da haben wir Mitternacht. Da legt sich nicht nur

Radio Moskau schlafen, überhaupt unsere ganze lokale Radiostation.

Verzeih mir all diesen Unsinn.

Ich küsse Dich innig.

Deine Alja

12. Februar 1951

Mein lieber Boris!

Warum schreibst Du überhaupt nicht (ich meine mir)? Ich weiß, daß es an Zeit mangelt, weiß das aus eigener Erfahrung, aber davon wird mir nicht leichter. Ich sehne mich so nach Deinen Briefen, sogar allein nach einem Blick auf die Umschläge, die mit Deiner so beflügelten Handschrift beschrieben sind, daß man den Eindruck hat, Deine Briefe überwinden all diese weiten Räume ohne Hilfe irgendwelcher »avion«. Bei mir ist das inzwischen mit den Briefen so: früher hatte ich das Gefühl, daß ich damit Menschen, denen ich schreibe, eine Freude mache, somit lag im Briefeschreiben ein bißchen Pflicht, die ewige Stimulanz. Jetzt bereite ich mir, wenn ich sie schreibe, vor allem selbst eine Freude – das ist meine Entspannung, mein »Guckloch« in die Welt. Die Pflicht ist auf etwas anderes übergegangen, auf die Arbeit, auf das Brennholz, auf die Haushaltsdinge, und die Briefe, die zu meiner Freude und Entspannung geworden sind, haben sich auf Zehenspitzen auf den allerletzten Platz zurückgezogen. Verstehst Du das? Es ist noch nie vorgekommen, daß ich nicht rechtzeitig ein Spruchband geschrieben, Kartoffeln geschält, Holz gespalten, den Fußboden gewischt hätte, aber für die Briefe reicht die Zeit nicht. Natürlich schreibe ich Dir all das nicht, um Deinen Widerspruch in dem Sinne auszulösen, daß meine Zettelchen Dich wahnsinnig freuen, nein, ich sage das nur deshalb, weil es wirklich so ist, wenn ich mir das näher überlege. Und wenn ich es mir nicht näher überlege, dann auch.

Dieser Winter ist für mich einfach schrecklich, obwohl ich ziemlich tapfer gegen ihn ankämpfe und mit ihm fertig werde. Vielleicht war der letzte nicht besser, aber ich habe ihn in meinem Eifer gar nicht ganz mitbekommen, oder ich werde einfach von Jahr zu Jahr immer weniger, jedenfalls widert mich das alles einfach an, dieser Frost von 50 Grad, diese Schneestürme, diese Launen einer irrsinnigen Natur und eines wahnsinnigen Wetters, die einem Seele und Körper zu Eis werden lassen. Jeder Schritt, jeder Atemzug ist ein Kampf gegen die Elemente. Nur so ein paar Schritte laufen oder einfach atmen, das gibt es nicht! Zu alledem kommt noch die Finsternis, ich kann sie von klein auf nicht leiden, sie wirkt entsetzlich deprimierend auf mich, auch wenn Sterne, Nordlicht und sonstige Phantasmagorien sie verschönen. Dunkelheit und Kälte – dabei denken diese orthodoxen Blödhammel, daß die Sünder unbedingt gebraten und gekocht werden und noch dazu an etwas Heißem lutschen müssen. Übrigens, ich halte mich nicht für eine Sünderin, das Fegefeuer – diesen Wartesaal der Hoffnung – erkenne ich nicht an. Wenn ich aber eine Gerechte bin, dann müßte, nach meinem Aufenthaltsort zu urteilen, das Paradies ein recht kühles Plätzchen sein! An und für sich ist da nichts zu krittteln, der Schöpfer hat sich das hübsch, geradezu großartig ausgedacht und großartig ausgeführt, nur um Beleuchtung und Heizung hat er sich zu wenig gekümmert. Ach ja, dennoch hat meiner Ansicht nach der alte Mann eigentlich keinen einzigen von seinen guten Ansätzen bis zu Ende ausgeführt.

Ein herrlicher Kontrast gegenüber dem Winter, dem schwarzen und eisigen, ist unser Häuschen – klein, warm und so lieb wie ein Lebewesen. Es steht am Fuße eines Hügels, vor den Winden geschützt, und ringsum ist eine solch endlose Weite, als wäre es das Nichts. Keine Flüsse, keine Ufer, kein Himmel, alles ist eins geworden in Frost und Schneesturm und Nacht. Was wird bloß im Frühjahr, wenn der tauende Schnee in Strömen den Hang herabfließt, auf uns zu, und uns der Jenissej entgegendrängt? Ich hoffe, er wird ein bißchen an der Schwelle plätschern und dann klammheimlich zurückfließen, aber vielleicht wird es auch anders. Riesig sind die Eisschollen, die er im Frühjahr auf die Ufer wirft, das sind Schollen von erheblich größerem Ausmaß als unser Häuschen!

Ich arbeite weiterhin viel, werde weiterhin müde und schwinde unter dieser Müdigkeit irgendwie dahin. Meine Gesundheit entspricht nicht dem Klima und das Klima nicht meiner Gesundheit, aber dennoch schnaufe ich vorläufig noch ganz erfolgreich. Im Traum sehe ich nur Moskau und nur Städte, im Wachen nur die dörfliche Umwelt. Ich lese wenig und mache immer wieder irgendwelche überraschenden Entdeckungen. Balzac habe ich wieder gelesen, und da packte mich das Entsetzen über den Falsch, das Billige, doch hat es – wie immer bei den Franzosen – ab und an Lichtblicke von etwas Echtem. Da sind sie, diese tausend Tonnen Worterz! Der frühe Alexej Tolstoi, das ist das reinste Szenarium für den Stummfilm! Dann der ewige – ob nun der frühe oder der späte – Lew Tolstoi! Überhaupt bin ich zu dem Schluß gekommen, daß die Schriftsteller, die allerbesten und allerechtesten, in der Mehrzahl sehr böse Menschen sind. Die Beobachtungsgabe ist eine böse Gabe. Die Turgenjewschen Helden sind mit wenigen weiblichen Ausnahmen so dargestellt, als habe der Autor mit jedem von ihnen persönlich Rechnungen zu begleichen. Und der Lew Tolstoi, was ist das für ein böser! Überhaupt, je besser, desto böser. Gut sind nur Gorki und Rolland, Tschechow wäre auch böse, aber es dauerte ihn, die Menschen zu betrüben, die Lebenden und die Dargestellten. Verzeih mir, lieber Boris, all dieses Gequaddele – ich schreibe und werfe einen Blick auf die Uhr. Es ist Zeit, Schluß zu machen, wenn ich auch noch nichts Sinnvolles begonnen habe, und schon wieder zieht Martha die Maria am Saum ihres Gewandes und hält ihr alle unerledigten Haushaltsdinge vor. Da ich in meinem Alter anfange alles zu vergessen (»schwach wird nun, Tanja, der Verstand, doch einmal zählt ich zu den Schnellen« . . .), so weiß ich jetzt nicht mehr ganz richtig, welche von den beiden die »Hausfrau« war. Bei Mama heißt es darüber nicht schlecht: »Zwei Omas prägten mir mein Wesen – hab elegante Hand und scheu nicht groben Besen«.

Ich küsse Dich innig, warte auf Nachricht von Dir.

Deine Alja

5. März 1951

Lieber Boris!

Sehr hat mich Dein Brief beglückt, ermutigt und innerlich gefestigt, wirklich! In allen Deinen Briefen, sogar in den ganz rasch hingeschriebenen, sogar in den richtigen Grippebriefen ist so viel Lebensbejahung, so viel unbekanntes Seelenvitamin, daß sie auf mich wie Akkumulatoren wirken, ich lade mich mit ihnen auf – und lebe weiter.

Ich weiß nicht, warum, aber dieser Winter kommt mir schwerer als der letzte vor, obwohl meine Lebensumstände unvergleichlich leichter sind – das Häuschen ist warm und hat etwas »ganz Eigenes«, ist also in seiner Weise gemütlich, es mangelt ihm nicht an Andersenschem und Dickensschem Reiz, der einem durch den Kontrast zur umliegenden Natur, ihrer Gewalt, Härte und der titanischen Einförmigkeit ihrer Äußerungsformen noch mehr ins Auge fällt. Schnee, Wind, Frost, Schneesturm, und dann alles wieder von vorn. Dieser ständige Zweikampf mit den Elementen macht mich schrecklich müde, ob sie nun stürmen oder in fast unerträglicher Eiseskälte bis zum neuen unwirtlichen Erwachen erstarren. Ich bin von der Dauer dieses Winters einfach physisch müde, von seiner eselhaften Bockigkeit, von seiner unüberwindbaren Gleichgültigkeit. Einerseits habe ich mich schon so sehr an ihn gewöhnt, daß seine wilde Schönheit auf mich nicht mehr wirkt, andererseits bin ich von allem übrigen nicht so entwöhnt, daß ich sein Grauen nicht fühlen könnte.

Mit einem Wort, die Franzosen haben recht, wenn sie sagen, Witze sind nur gut, wenn sie kurz sind. So ist es auch mit den Wintern.

Doch plötzlich ist die Temperatur auf minus 15 Grad, minus 20 Grad angestiegen, und uns allen kommt das so vor, als sei der Frühling ausgebrochen! Wir knöpfen die Kragen auf, atmen in vollen Zügen, leben auf, blinzeln wegen der Sonne, betrachten unser Reich: die blaugrauen verwitterten Holzhäuschen unter den weißen zottigen Dachmützen, die fest ausgetretenen Wege, Gassen und Pfade, den Streifen Taiga, der den Himmel von der Erde trennt, die Abhänge und Abbrüche der Jenissej-Ufer. Mein Gott, wie ist das alles gut und schön! Dann bricht wieder dieser widerliche Nordwind los und rasiert all unsere Seligkeit glatt weg . . .

Der März ist hier so, daß ihn sogar die Katzen nicht als ihren Monat anerkennen. Sie spazieren nicht über die Dächer, sie hocken auf den Öfen, kriechen sogar hinein, drücken sich an die Wärme und denken sonst an nichts.

Aber die Sterne sind hier überwältigend. Gestern war ich spätabends auf dem Wege von der Arbeit nach Hause. Es war verhältnismäßig warm und sehr still. Eine wunderbare Sternennacht verschluckte mich, löste mich in sich auf, schloß aus mir alles außer der Fähigkeit, sie aufzunehmen, sie zu empfinden, aus. Ich trat scheinbar ruhig in die große Bewegung der Himmelskörper ein, und das Weltall wurde mir in seinem Innern verständlich, nicht von außen her, nicht so wie ein menschlicher Organismus dem Chirurgen, sondern wie ein ganzer Organismus einem seiner Teile. Verstehst Du mich? Da gab es keine Dunkelheit, da tauchte auch nicht irgendein Licht auf, nein, die Dunkelheit bestand für mich aus einer unzählbaren Menge von Lichtpunkten: die Unmenge der Himmelskörper vermittelte meinem irdischen Blick die Illusion der Dunkelheit.

Nein, ganz so ist das natürlich nicht. Es ist nur der Musik und sehr wenigen Dichtern gegeben, über die Sterne zu erzählen. Was soll man auch über sie sprechen – sie reden selbst besser über sich!

Nein, all das war wunderbar, diese Nacht, diese Sterne und das über die Erde hallende, friedliche und gleichmäßige Geräusch des kleinen Motors, der den benachbarten Kolchos mit Strom versorgt!

Ich mache Schluß, habe Angst, alles noch einmal zu lesen und werde es daher nicht tun.

Ich küsse Dich innig, wünsche Dir Kraft – physische, geistige, schöpferische. Alles übrige ergibt sich dann schon! Schreibe!

Deine Alja

Mach Dir keine Sorge wegen Geld. Erstens hast Du mir nichts versprochen, zweitens werde ich, wenn es sehr schlimm ist, selber bitten. Bitte ich nicht, heißt das, es ist nicht so schlimm. Ich küsse Dich.

2. April 1951

Mein lieber Boris!

Hab Dank. Jetzt kann ich furchtlos dem in jeder Hinsicht unter den hiesigen Bedingungen schwierigen Frühjahr entgegensehen. Der Frühling ist hier eine Vorbereitung auf den nächsten Winter, Holztransport auf dem Wasser, Reparatur der Wohnstätten und ähnliche Belastungen (nur im eigenen, dem häuslichen Kreis, von der laufenden Arbeit und all den gesellschaftlichen Zusatzaufträgen ganz zu schweigen). Und Du, mein Lieber, bist immer da für mich, in jeder für mich schweren Zeit, und ich fühle mich nicht allein in meinem ständigen Kampf mit den ständigen Alltags-Elementen.

Assja ist nach Hause zurückgekehrt, man hat sie nicht operiert. Sie hat eine längere Behandlung hinter sich, mit der Sehkraft ist es ein bißchen besser geworden, nicht aber mit dem Gesamtzustand, und gerade von dem Gesamtzustand hängt doch vor allem ihr Sehen ab. Im Juni/Juli erwartet sie ihre Schwiegertochter mit den Kindern bei sich. Andrej[35] wird wohl einen Vertrag über eine mehrjährige auswärtige Arbeit unterschreiben, wie sie ja auch selbst im Fernen Osten gearbeitet hat. Einerseits freut sich Assja auf den Besuch, andererseits hat sie Angst, ob Nina[36] dort Arbeit finden wird, ob sie selbst (Assja) die jüngste Tochter hüten kann (ob sie dazu in der Lage ist) usw. Vor allem hat sie einen großen Gemüsegarten, den sie bis zu Ninas Ankunft bestellt haben muß und Assja kann sich nicht vorstellen, wie sie das bei ihrer jetzigen schwachen Gesundheit schaffen soll.

Wir haben in diesem Jahr einen ungewöhnlich frühen, wohl trügerischen Frühling. Alles wurde mit einem Schlage naß, und der Himmel hängt vor Nässe und Schwere in der Mitte fast schon durch. Die Nächte sind voll höchster Anspannung, so daß es scheint, irgendein scharfer Ton – vielleicht der Dampfpfiff einer Lokomotive – würde ausreichen, und schon würde in großer Hysterie mit Regengüssen, Windstößen und Schneefällen der wahre Frühling anfangen. Hier ist es nämlich sehr still, vor allem wenn der Wind sich legt; still und weitläufig, und das wirkt auf die Nerven nicht weniger als Einzelhaft. Übrigens habe ich mich an solche Stille nicht gewöhnt. Meine Stille wurde immer von der Stadt oder vom Wald oder vom Meer oder in den letzten Jahren vom Gewirr menschlicher Leben begleitet, Stimmengewirr hat mich nie nervös gemacht. Das nördliche Schweigen, besonders an trüben Tagen, versetzt mich in Unruhe. Ich warte, und das Warten läßt mich nicht los – wann endlich beginnt sie zu sprechen, diese graue, alte, nördliche Eselin Bileams – die Natur? (Erinnerst Du Dich, wie Shurawljow[37] die »Pique Dame« liest?: »Die Gräfin schwieg . . .«.)

Ich fürchte mich vor dem Eisgang: der Fluß ist so unmittelbar vor unserer Nase; daß er uns bloß nicht wegreißt, wenn er über die Ufer tritt!

Im April, dem Monat vor dem ersten Mai, werde ich sehr viel Arbeit haben, und ich bin schon im voraus müde. Mein Herz ist schwach geworden, statt anzutreiben, bremst es. Ich spüre es ständig, und allein das macht schon müde. Wie gut, daß ich mir weder um den Tod noch um eine Behandlung Gedanken mache. Gott sei

Dank, dafür habe ich keine Zeit. Ohne Arbeit würde ich verrückt werden. So aber vertrockne ich einfach, werde allmählich grau und tröste mich damit, daß ich die Farbe meiner Umwelt annehme. Hier sind auch die Tiere weiß – die Hunde, die Rentiere, die Polarfüchse und die Hermeline. Ach ja, die Rentiere, was sind die hier doch wunderbar! Ganz weiße gibt es nicht so viele, im allgemeinen hat ihr Fell etwa die Farbe wie Schnee, wenn er taut und die Erde schon durch ihn hindurchschaut. Die Farbe des allerersten Frühlings, verstehst Du? Deshalb liebe ich sie auch besonders: während der grimmigsten Fröste erinnern sie dennoch an den Frühling.

Bei meiner nächsten Verschnaufpause werde ich Dir hoffentlich etwas vernünftiger schreiben. Diese Zeilen sollen Dir nur sagen, daß ich Deine Nachricht bekommen habe und Dir dafür dankbar bin. Schreibe auch Du mir, warte nicht »bis Du Zeit hast«, dazu kommt es ja doch nicht.

Ich küsse Dich.

Deine Alja

4. April 1951

Mein lieber Boris!

Soeben habe ich Deinen Brief bekommen, und soeben habe ich Dir meinen geschickt, das heißt, erst habe ich ihn abgeschickt, und dann habe ich Deinen erhalten. Hab Dank für alles Gute, was Du über mich und für mich schreibst! – Aber ich bin keine Schriftstellerin. Ich bin deshalb keine Schriftstellerin, weil ich nicht schreibe, und ich schreibe nicht, weil ich es fertigbringe, nicht zu schreiben, sonst würde ich dem Schreiben alles auf der Welt unterordnen und nicht mich selbst allem auf der

Welt – allen großen und kleinen Verpflichtungen. So viel zum ersten. Zum zweiten bin ich deshalb keine Schriftstellerin, weil ich nie das Ende und den Anfang einer Sache spüre, die ich, sagen wir einmal, hätte schreiben wollen. Ich könnte nie wie Tschechow irgend etwas und irgendwen aufgreifen und auf halbem Wege hinwerfen, nachdem ich ihm den Anschein der Abgeschlossenheit beigegeben hätte. Ich würde in den Quellen, den Mündungen, den Nachfahren und Vorfahren herumwursteln, und es käme etwas Schreckliches dabei heraus. Das ist eine Anomalität bei mir, von der ich weiß, von der ich mich aber nicht befreien kann. So ist das bei mir auch im Leben. Ich weiß zum Beispiel, daß Mama gestorben ist, weiß, wie und wann, aber ich habe kein Gefühl für ihr Ende, und das hat mit Mystik nichts zu tun, nichts mit einer »Nachtodexistenz« – der Tod bedeutet nicht immer und nicht für jeden das Ende. Daß sie irgendwann damals geboren wurde, bedeutet für mich noch nicht den Anfang ihres Schicksals, das schon durch das, nennen wir es einmal Zusammentreffen ihrer Eltern, jener so tragisch Ungleichen, vorherbestimmt war usw. Verstehst Du mich? Übrigens rede ich schon wieder nicht das Eigentliche, sondern um den heißen Brei herum.

Ich liebe Tschechow. Ich weiß, daß es nicht stimmt, wenn ich insgeheim denke, richtiger fühle, daß das Schreiben von Erzählungen dasselbe ist wie das Lieben von Katzen und Hunden in Ermangelung von Kindern.

Drittens bin ich deshalb keine Schriftstellerin, weil ich entsetzlich anspruchsvoll mir selbst gegenüber bin, und zwar in einem solchen Grade, daß ich von den ersten Zeilen an aufhöre zu begreifen, »was gut ist und was schlecht« und auf der Suche nach dem Besseren bis zum offensichtlichen Blödsinn vordringe. Davon habe ich mich immer wieder überzeugt, wenn ich auf irgendein altes Heft mit irgendwelchen Versuchen stieß.

Ich bin auch deshalb keine Schriftstellerin, weil ich den für jeden Schaffenden notwendigen Weg nicht durchgemacht habe – vom Schaffen schwacher und unter dem Einfluß von irgend jemandem stehender Werke zum starken und eigenständigen Schaffen. Ich kann mir jetzt mit meinen 37 ungewöhnlichen Jahren nicht erlauben, schwach zu schreiben, kann aber auch nicht schöpferisch ich selbst sein, denn ich habe nicht mein eigenes (schöpferisches) Gesicht. Das Gesehene, Gehörte, Durchlebte, Überstandene, Aufgenommene, Begriffene gibt noch nicht die Mittel des Ausdrucks in die Hand. Gott sei Dank, sonst hätten die Schriftsteller die Leser schon verschluckt!

Es gibt noch viele Gründe, warum ich keine Schriftstellerin bin, ungeachtet des »Leuchtenden und Kühnen«, was, wie Du schreibst, ab und an in meinen Briefen auftaucht. Allzuwenig Leuchtendes und noch weniger Kühnes in mir selbst und in beliebigen meiner Äußerungen – das ist keine Bescheidenheit und keine epistolare Koketterie, sondern die Wahrheit. Mein Leben ist so verlaufen und zu früh so verlaufen, als daß sich in mir ein wirklicher kühner und leuchtender Kern hätte bilden können, etwas, worauf ich mich in mir selbst stützen könnte.

Es tut mir sehr leid, daß Du nichts über Dich schreiben konntest, über das, was ich nicht weiß und nicht erraten kann. Ich kenne Dich sehr gut. Weiß aber von Dir wenig. Warst Du wegen des Halses in der Klinik? Was hat man Dir gesagt, wie behandelt man Dich, hilft es? Ich hatte übrigens in diesen Tagen auch erhebliche Halsschmerzen, die völlig unvermittelt ausbrachen. Ist da Dein Schmerz

über die große Entfernung auf mich übergegangen, oder
ist das die Verwandtschaft der Hälse und ihrer Belastung
– ich weiß es nicht. In jedem Falle ist es bei mir schon von
selbst vorübergegangen.

Du weißt, nichts fügt sich bei mir mit Klarheit und
Ruhe in der Seele, wenn das Wetter schlecht und der
Himmel niedrig ist. Das halte ich moralisch und physisch
nicht aus. Ich lebe auf und beruhige mich, wenn die
Sonne da ist. Hier aber ist sie so selten da, obwohl die
Tage immer länger werden. Wie ist bei Sonne alles
sinnvoll, dauerhaft, klar und schön! Und was für ein
quälendes, graues Durcheinander ist ohne sie auf Erden
und in der Seele!

Wir haben schon einige Tage Tauwetter. In die Haupt-
straße ist ein wunderbares Leben geraten: kleine Jungen
auf Schlittschuhen, die sie sich an ihre Filzstiefel mit
Schnüren gebunden und mit Bleistiftstummeln festge-
zurrt haben, kleine Mädchen in den üblichen Überschu-
hen mit Frisuren à la second Empire, Lajkas in ihren
schmutzigen Winterpelzen, Kühe mit ihren knochigen
Rücken und Landkarten-Flecken, kurz und gut, da ist
viel los! Über all diesem Frühlingsgemisch schweben
feierlich Beethovens Klänge, ohne zu Boden zu sinken
(eine Übertragung aus Moskau). Wie schön!

Ich konnte mir kürzlich »Kindheit und Jugend« von
Tolstoi besorgen und lese es wieder einmal. Zum letzten
Mal (richtiger: zum ersten Mal!) habe ich es vor etwa
dreißig Jahren gelesen, und ich erinnere mich ausgezeich-
net an das Buch und daran, wie ich es aufnahm. Jetzt liest
es sich natürlich anders, und, weißt Du, schlechter, denn
ich verweile immer wieder dabei, w i e es geschrieben ist,
damals aber gab es keinerlei »wie«, da gab es nur ein
»was«, also die völlige Einheit von Inhalt und Form.

Auch Musik spaltet sich bei mir jetzt auf in die Idee und in die Ausführung des Komponisten, in die Aufnahme und Verwirklichung durch den Musiker, und wenn es sich um ein Orchesterwerk handelt, dann gehe ich dem Komponisten und jedem einzelnen Instrument nach. Früher aber gab es nur »Musik« als Ganzes.

Wie schön liest es sich in der Kindheit und in der Jugend! Und wie ernst alles aufgenommen wird! Erst jetzt habe ich beim erneuten Lesen von »Kindheit und Jugend« begriffen, daß auch Tolstoi über diese Zeit seines Lebens mit einem guten und etwas ironischen Lächeln geschrieben hat, ohne das ein Buch über die Kindheit nicht möglich ist.

Lieber Boris, Dich reizen meine unvermeidlichen Entschuldigungen am Ende eines jeden Briefes, wo ich Dich um Entschuldigung bitte, daß alles so verworren und ungereimt sei, daß es anders sich nicht habe schreiben lassen, weil ich sehr müde sei und meine Gedanken nicht orden könne. Aber auch dieses Mal muß ich in derselben Weise aufhören, denn das ist die reine Wahrheit. Es gelingt mir niemals, in einen Brief auch nur den hundertsten Teil dessen zu legen, den ich hineinlegen möchte. Ich schreibe nicht so, nicht das und nicht über das Gemeinte, weil in Kopf und Ohren ein Ton braust, weil ich so leicht von der Arbeit ermüde, die physisch gar nicht schwer ist, und weil ich davon zerstreut und willenlos bin. Ich bin Dir für Deine Briefe unendlich dankbar, Du bist mir seit langem und auf immer lieb, genau so wie Mama und Serjosha, aber mein Gefühl für Dich hat keine persönliche Bitternis, während ich vor ihnen eine nicht wieder gutzumachende Schuld trage. Kinder sind immer schlecht, und ihre Bestrafung liegt darin, daß sie das immer zu spät erkennen.

Ich danke Dir für alles. Ich küsse Dich.

Deine Alja

Schreib mir über die Deinen. Wie geht es Deinem Sohn? Als ich bei Dir war, warst Du allein, und ich kann mir Deine Familie schwer vorstellen. Wie alt ist Dein Sohn? Er wurde wahrscheinlich 1935/36 oder sogar erst 1937 geboren. Mein einziger Anhaltspunkt ist, daß Du mir vor langer langer Zeit, am Abend vor meiner Abreise aus Moskau von Deinen Gesprächen mit einem (wohl) dreijährigen Sohn erzählt hast, Du wirst Dich sicher daran nicht erinnern. Ich aber habe das alles so gut im Gedächtnis! Weil wir uns so selten begegnet sind. Auch jetzt hast Du mir von ihm ein bißchen erzählt. Siehst Du, nun schreibe ich schon keinen Brief mehr, lege mich auch nicht schlafen, sondern erinnere mich, erinnere mich . . .

Du sagst, ich solle Erzählungen schreiben! Nein, nein, Boris, lieber werde ich Dein guter Leser. Das Material übersteigt meine Kräfte. Bis demnächst.

Ich küsse Dich.

4. Juni 1951

Lieber Boris!
Ich schreibe Dir, auf dem Fluß aber treiben noch immer die Eisschollen. 4. Juni! Das ist einfach eine Frechheit. 24 Stunden hintereinander ist es hell, und 24 Stunden ist es diesig. Großartig und widerlich. Immerhin, wenn die Sonne sich zeigt, ist es wunderbar, aber das kommt so selten vor! Überhaupt ist die Beleuchtung eine Stimmung der Natur, hier aber ist sie immer schlecht gestimmt, eingebildet, gereizt, knurrig, weinerlich, und all das in nie gesehenem Ausmaß, mit unerhörtem Schwung.

Wir hatten starkes Hochwasser. Viele Menschen, die am Ufer wohnen, hatten zu leiden, Hütten, Boote, Zäune wurden vom Wasser fortgetragen. Ich habe wie ein Gebet Puschkins »Ehernen Reiter« geflüstert und staunte, wie zutreffend das alles ist. Ich hatte Koffer gepackt, aber uns hat das Hochwasser nicht angerührt, Gott sei Dank! Dennoch, es war schon sehr aufregend. Jetzt fällt das Wasser, doch vor dem Fenster ist eine richtige atlantische Brandung. Das Meer liebe ich sehr, den Ozean noch mehr, aber einen Fluß nicht, von Kind an habe ich Angst vor dem widerlichen Flußgrund, vor der Strömung, und komme mir immer fast wie eine Ertrunkene vor. Außerdem regt mich ein Fluß, selbst ein ganz ruhiger, auf, das Meer aber macht mir Freude, ob es nun still daliegt oder stürmt. Das ist ja alles nicht wichtig. Ich schreibe Dir, um Dich zu bitten, mir wenigstens eine Postkarte zu schreiben. Ich habe so lange nichts von Dir bekommen und weiß nichts von Dir, außer daß Du als einer der ersten die Anleihe unterzeichnet hast, das las ich in der »Literaturnaja gaseta«. Hauptsache, was macht Deine Gesundheit, was die Arbeit?

Ich kümmere dahin, alles macht mich schrecklich müde. Wenn ich Arbeit habe, kommt es von der Arbeit, wenn es nicht so viel zu tun gibt, von der Angst, es könne keine mehr geben. Im Winter wurden die Augen von der ständigen Finsternis müde, jetzt von dem unablässigen Tageslicht. Außerdem – ist doch immer der Alltag in allen seinen Ausprägungen sehr schwer, hier natürlich besonders. Aber noch bin ich munter und kann viel vertragen, besonders, wenn es wenigstens ein bißchen Sonne gibt. Ich glaube, allein die Sonne, die echte, freie, großzügige Sonne würde mich von allen meinen vermutlichen Leiden heilen, vermutlich deshalb, weil ich keine Ärzte aufsuche, um nicht zu erfahren, daß ich plötzlich wirklich eine Krankheit habe.

Hier ist absolut niemand, mit dem man reden könnte, in Gedanken wende ich mich wirklich nur an Dich. Wenn in einer sehr stillen Stunde plötzlich alles Überflüssige aus der Seele schwindet und allein das Weise und Wesentliche bleibt, dann spreche ich mit Dir mit der gleichen vertrauensvollen Einfachheit, mit der ein Einsiedler mit Gott spricht, ohne sich an seiner physischen Abwesenheit zu stören. Du hast von allen mir bekannten Dichtern am besten das Ungesagte in die menschliche Sprache übertragen, und darum bringe ich, wenn mein »Ungesagtes«, nachdem es übergeschäumt und abgestanden ist, zur leuchtenden und wie ein Gestirn klaren Formel wird, dieses zu Dir über alle Jenissejs hinweg, und es stört mich überhaupt nicht, daß es niemals bis zu Dir gelangt. Die Gebete des Einsiedlers sinken auch auf das nächste Dornengestrüpp nieder, das tut weder Gott noch den Dornen noch dem Einsiedler Abbruch.

Die Gänse, die Enten und die Schwäne sind wieder da. Da kommt mir der Gedanke, warum eigentlich kein einziger russischer Komponist, der den russischen Frühling in Noten umgesetzt hat, das erregte Gespräch der Gänse einfing, denn Gänse schnattern beim Flug nicht einfach, sie unterhalten sich und wiederholen dabei in verschiedenen Tonlagen immer wieder ein und dieselbe musikalische Phrase, und diese Phrase zittert gleichmäßig und traurig in der Luft, sie wird von den kräftigen einzelnen Schlägen der Flügel gestützt. Noch eines – wenn der Fluß, der sich gerade vom Eise befreit hat, dahinplätschert, braucht man nur die Augen zuzumachen und zu lauschen, man braucht nicht zu schauen, es ist ohnehin klar: Frühling! Ein russischer unter so viel

Mühen von der Natur geborener Frühling, ein an den ersten Tagen so spröder und später so wunderschöner! Ich küsse Dich, laß es Dir gutgehen und schreibe.

Deine Alja

15. August 1951

Lieber Boris!

Als ich Deinen Brief in Händen hielt, empfand ich das, was üblicherweise Eltern empfinden, wenn ihr Kind, das sie für verloren gehalten hatten (ertrunken, im Wald verirrt, vom Baum gefallen usw.) – in aller Seelenruhe heimkehrt, ein bißchen ausgelassen infolge einer gewissen Verlegenheit, da es sich wohl verspätet hat. In solchen Fällen packt einen im allgemeinen (ich weiß das von mir selbst) die Wut, und man bestraft den soeben noch beweinten Sprößling grausam. So habe ich mich, als ich Deinen Brief bekam, zunächst gefreut, dann wurde ich wütend. Dann habe ich mich wieder gefreut. Aber, verstehst Du, Dein langes Schweigen hat mir so entsetzlich viel Sorge bereitet, daß ich einfach aus der Haut fuhr, als ich feststellte, daß der Hauptgrund dafür irgendein Doktor Faust war (übrigens, das ist immer noch besser als Margarethe!). Gut ging es dem Goethe – der nahm sich die Sache vor, spann sich irgend etwas zusammen, und die Nachfahren sollen es nun auslöffeln. So dachte ich, als ich von der Post forttrottete. Nein, Boris, in der Tat, mir so lange nicht zu schreiben, war nicht erlaubt, gerade Dir war das nicht erlaubt, Du weißt doch alles und begreifst es, und ich habe schließlich in meinem Leben schon so viele Aufregungen überstanden, daß ich es nicht mehr will, um so weniger wegen Faust. Wenn es Dir wehtut zu schreiben, dann schicke doch Telegramme.

Es tut mir mehr weh, ohne Briefe dazusitzen, als Dir welche zu schreiben. Für den Fall, daß ich Deine Fähigkeit, alles zu wissen und zu begreifen, überschätze, die Dir vielleicht in der letzten Zeit von dem übersetzten Mephisto teilweise genommen wurde, dann sage ich Dir noch einmal, daß Du mir unendlich lieb bist, weil gerade Du mich an Vater und Mutter erinnerst, und zwar stärker und echter als Lilja an Papa und Assja an Mama, daß, solange Du lebst, atmest und schreibst (überhaupt schreibst und manchmal auch mir schreibst) – ich mich nicht verwaist fühle. Das ist natürlich ohne jegliche Mystik gesagt. Ich bin fern von Dir groß geworden, aber ich habe Deinen Einfluß wahrscheinlich mehr gefühlt als Deine eigenen Kinder, bin von Kindheit an Deine Gedichte gewöhnt, an alles, was von Dir stammt, und habe nicht die Absicht, mir das abzugewöhnen. Hab keine Angst, ich dränge mich nicht danach, Deine »Tochter« zu sein, ich dränge mich überhaupt nicht danach, »jemand« für Dich zu sein, und es ärgert mich, daß ich Dir das alles erklären muß. Das ist natürlich nicht nur wegen Vater und Mutter, ich liebe Dich einfach sehr, weil Du so bist – Dichter und Mensch –, und ich bin sehr glücklich, daß ich zu derselben Zeit mit Dir lebe und Dir schreiben kann und alle zehn Jahre einmal mit Dir sprechen kann – das ist einer meiner wenigen, aber unbezweifelbaren Vorzüge gegenüber den Nachfahren, die von unseren Tagen und Menschen nur aus Büchern und Denkmälern etwas wissen werden.

Der Sommer hier war schlecht, alle möglichen und unmöglichen Varianten von Regen und Winden. Er war kalt, unschön, vor allem aber kalt. Nach so einem kalten Winter und angesichts eines weiteren Winters dieser Art konnten wir uns überhaupt nicht aufwärmen, nicht erholen, nicht auftauen. Jetzt ist der Herbst schon voll im Gange. Die weißen Nächte sind zu Ende, von Norden drängt die Dunkelheit heran und packt sich Tag um Tag ein immer größeres Stück. Ich arbeite viel, auch frißt der Haushalt an mir – mit dem ersten Frühjahr haben die Vorbereitungen für den Winter begonnen, und das ist sehr schwer. Man hat mir den Jahresurlaub bald versprochen – zwölf Arbeitstage, die ich ganz den Beeren und Pilzen widmen will. Das sind auch Wintervorräte.

Ich fühle mich nicht schlecht, bin nur sehr müde, und das Herz tut die ganze Zeit weh. Ich behandle mich mit »Nichtbeachtung« – das hilft gut.

Sage einmal, mußt Du Dich wirklich operieren lassen? Ich hatte ein solches Geschwür an der Hand, man hat es mit Wärme behandelt, da wurde es weicher und allmählich aufgesogen. Ich habe Angst vor Operationen.

Am 31. August ist es zehn Jahre her, daß Mama tot ist. Denke an sie, die Lebende! An diesem Tag.

Ich küsse Dich innig. Schreibe!

Deine Alja

Vor ein paar Tagen bekam ich einen Brief von Assja, zu ihr ist die Frau ihres Sohnes mit den Kindern gekommen, worüber Assja sich anscheinend freut, wenn auch nicht ohne Einschränkung. In jedem Fall nimmt Nina ihr die physische Arbeit ab, das ist schon sehr gut. Andrej ist jetzt sechzehn Jahre alt, einfach nicht zu glauben! Wie die Zeit verrinnt!

9. Oktober 1951

Mein lieber Boris!

Erst jetzt eben habe ich Deinen Brief bekommen, nicht weil er lange unterwegs war, sondern weil ich selbst nicht in Turuchansk gewesen bin, sondern soeben erst aus dem benachbarten Kolchos zurückkehrte, wo ich einen ganzen Monat bei der Ernte eingesetzt war. Anfangs war das sehr interessant, gegen Ende wurde ich schrecklich müde. Zudem brach der Winter über uns herein, was mich jedes Mal sehr belastet. Auch jetzt habe ich mich noch nicht ganz erholt, weil ich sofort angefangen habe im Klub zu arbeiten und zu der Kolchos-Erschöpfung gleich noch die von der Theaterarbeit kam.

Der Kolchos liegt 28 Kilometer von Turuchansk entfernt, man kann dorthin nur über den Jenissej gelangen. Wir sind mit einem Motorboot des Kolchos hingefahren. Als der Motor kaputtging, mußten wir rudern, als die Hände zu müde waren, mußten wir am Ufer entlang zu Fuß gehen, als die Beine müde waren, mußten wir wieder rudern usw.

Schließlich tauchte am felsigen Ufer ein kleines Dorf auf – Mirojedicha mit einem Dutzend festgebauter, aber von der Zeit gezeichneter Häuschen in der Farbe der Zeit, eine Kirche ohne Glockenturm, ringsum Taiga, und zwar derart, daß man vor jedem ihrer Bäume zum Naturanbeter werden könnte.

Alles ist dort, wie es sich gehört: schüttere Rauchwölkchen steigen aus den schiefen Schornsteinen auf, Hundegebell, Kindergeschrei und die zu Herzen gehende Schwermut russischer Dörfer, von der kärglichen, trüben, unbestimmten abendlichen Beleuchtung noch vertieft. Wir gehen in die »Absteige«, dort ist es dunkel und riecht nach kleinen Kindern. Wir schalten das Licht an

und – oh mein Gott! – vor uns sind Wiener Stühle, in den
Ecken beschlagene Truhen und ein alter Spiegel im
Schnitzrahmen. Ich werfe einen Blick hinein und sehe
anstelle meiner selbst eine Wasserleiche. An den Wänden
sind Porträts, blonde Männer von unglaublicher Wohlge-
nährtheit, mit Schnurrbärten und in knitterfreien Stahl-
betonanzügen, wie billige Denkmäler. Ein runder Tisch,
auf dem Tisch ein Samowar, am Tisch trinkt eine großnäsige alte grauhaarige Frau Tee aus einer vergoldeten
Tasse aus Kusnezow-Porzellan[38], auf ihren Knien liegt
ein alter Kater mit angeknabberten Ohren. Zwei kleine
bläßliche Mädchen in kurzen Baumwollkleidchen, die
sorgsam mit den Händen ihre Gesichter vor den Gästen
verbergen, aber ohne jede Verlegenheit ihre nackten
Bäuche zeigen. Mir scheint, ich bin in Zeiten geraten, von
denen ich nur vom Hörensagen weiß. So ist es dann auch.
Die großnäsige Alte mit den klugen, prüfenden Augen
lebt hier schon vierzig Jahre – hat aus Jenissejsk hierher
geheiratet. Dann ist da noch eine andere alte Frau, sie ist
87 Jahre alt, ist die Schwester des Mannes der ersten, ist
hier geboren und hier auch alt geworden. Sie hatte Licht
gesehen und hereingeschaut, um nach dem Samowar und
den Gästen zu sehen. Ihr Körper erinnerte an einen
knorrigen Ast, den die Brandung ans Ufer geworfen hat,
er ist in ein vorrevolutionäres geflicktes Satinkleid gehüllt. Ihre Augen aber blicken, auch wenn sie im Laufe
der Zeit an Farbe verloren haben, aufmerksam und
schlau. So lebte ich also einen Monat lang in der
»Absteige«, arbeitete tagsüber auf dem Feld und verbrachte, wie es sich gehört, die Abende im Gespräch mit
den alten Frauen. Was haben die mir nicht alles erzählt!
Ich habe schon öfter festgestellt, daß Leute, die nicht
lesen und schreiben können, oft ein erstaunliches Ge-

dächtnis haben. In Ermangelung von Büchernahrung nimmt es alle Ereignisse des eigenen Lebens und fremder Leben in sich auf und bewahrt sie bis zum Grab, alles, das Nötige und Überflüssige, ohne irgend etwas auszusondern. Die alten Frauen erzählten mir, wie die Kaufleute von Mirojedicha lebten, wie die Schamanen zu ihnen kamen, um einzukaufen – damals war die ältere der beiden ein kleines Mädchen: »Die ganze Nacht über schläft der Schamane nicht, das kam vor, wir schlafen auch nicht, haben Angst, sprechen ein Gebet ›Auferstehen möge Gott‹ . . . dann war da noch eine Schamanin, die war eine ganz Schlimme. Wie sie gestorben ist, da hat man sie am Steinernen Bach beerdigt, hat Schellen über ihr Grab gehängt, sie aber erhebt sich nachts aus dem Grab und jagt hinter den Reisenden her, tat das so lange, bis ein Priester an ihrem Grab ein Gebet gesprochen hat und ihr nach dem Gebet einen Espenpfahl in den Rücken gestoßen hat – nun sei es aber auch genug, daß sie die Menschen quälte!« usw. Sie erzählten, wie die Priester die Einwohner in den Jenissej getrieben und sie getauft haben, wie die Kaufleute für Pelze und Fisch mit Wodka, Glasperlen und Äxten zahlten. Sie erzählten, wie man Verbannte hierhin getrieben hat und diese eine »Unterstützung« bekamen, fischten und Beeren suchen gingen, wie sie sich versammelten, Bücher lasen und stritten. In eben dieser »Absteige« habe Stalin übernachtet, auch Swerdlow und viele sibirische verbannte Bolschewiken seien da gewesen. »Dann war hier auch der Polizist Iona, ihm hatte man, als die Unruhen anfingen, befohlen, die Bolschewiken, die sich im Wald versteckten, zu fangen . . . Er packt sich da seinen ganzen Sack voll Brot und, wenn er einen trifft, dann gibt er ihm ein Stück Brot und sagt ihm, geh schon, sagt er, nun geh schon, so sagt

er. Dafür hat Stalin später befohlen, niemand darf dem
Iona etwas tun, und daß er Polizist war, das soll man ihm
nicht ankreiden. Ich weiß nicht, lebt der Iona jetzt noch
oder nicht. Gearbeitet hat er in der Glasfabrik in
Krasnojarsk zusammen mit seinem Sohn . . .«

Später einmal werde ich Dir alles über den Kolchos
erzählen, denn jetzt bin ich so müde, daß ich nicht einmal
mehr die Kraft zum Schreiben habe. Während meiner
Abwesenheit ist so entsetzlich viel zu Hause und im
Dienst liegengeblieben, daß ich es einfach nicht bewäl-
tige. Ich habe dabei so wenig Kraft, aber brauche sie so
sehr! Brennholz, Kartoffeln, Doppelrahmen, Spruchbänder, Plakate, Wandzeitungen, Montagen, all das muß
rechtzeitig fertig werden, und all das ist so vielfältig und
ermüdend. Besonders nach all diesen Kartoffelhektaren,
über die schon der Frost gegangen war, den Futterrüben
unterm Schnee usw. Dank für das Versprochene, wann
auch immer Du es schickst – übrigens um so mehr, als ich
für den einen Monat im Kolchos insgesamt 60 Rubel[39],
zweieinhalb Liter Milch und einen Sack Kartoffeln bekommen habe!

Ich küsse Dich innig, werde Dir bald wieder schreiben,
wenn ich Dir nicht über bin.

Deine Alja

9. November 1951

Mein lieber Boris!
Hab Dank für Deinen wunderbaren Brief. Ich habe ihn
lange gelesen und immer wieder gelesen, bin in ihn
eingetreten wie durch die Tür, die in jenen Jahren offen
war, in den Jahren Eures Schaffens und Eurer Weite, als
Ihr wie zwei Flügel eines Vogels wart. Ach, Ihr meine

lieben Flügel, Ihr lichten, starken, reinen, Ihr seid auch jetzt mit mir, der ganz Flügellosen, und Ihr werdet meine Seele bis an die letzte irdische Grenze nicht verlassen. Unendliche Weite möglicherweise auch schon deshalb, weil jene Jahre in meinem Gedächtnis mit dem Ozean und den atlantischen Winden, Wellen, Wolken, Sonnenuntergängen und -aufgängen an den fernsten Horizonten meines Lebens verbunden sind – alles d a s schwang so großartig in den von Dir empfangenen und an Dich geschickten Zeilen mit! All das ist unmerklich und dauerhaft in mich eingedrungen, so unmerklich, daß ich mich auch im Augenblick nicht daran erinnern kann, wann ich zum ersten Mal von Dir gehört habe, Dich gelesen habe, genauso wie ich mich nicht an meine erste Begegnung mit dem Ozean erinnere. Es hat Euch gleichsam immer gegeben.

Hier gibt es auch Ozeanwinde, aber recht bissige. Wie wünschte ich, daß im Winter der Ozean schliefe und so selten und behutsam wie möglich atmete! Der Winter hat in diesem Jahr fast schon im August begonnen. Schon lange, lange hat sich alles in Schnee gehüllt, ist manches vom Schnee erstickt, nur über der Mitte des Jenissejs steht Dampf, dort ist es noch nicht zugefroren. Natürlich fand die Demonstration am 7. November bei uns »wegen der klimatischen Bedingungen und des schlechten Wetters« nicht statt, aber auf dem Platz, der sich in einen solchen nur an großen Feiertagen verwandelt, war ein Meeting, wie immer ein sehr zu Herzen gehendes und schönes, ein dreifarbiges – weißer Schnee, rote Spruchbänder, dazu die Menschen in der Farbe der Zeit. Erinnerst Du Dich an die »Farbe der Zeit« in Perraults Märchen? Das ist einfach eine falsche Übersetzung von »temps« – Wetter. Genauso wie der Kristallschuh von

Aschenputtel ein Saffianschuh hätte sein müssen – vair anstelle von verre. Du hattest das Buch wahrscheinlich auch, so ein großes in rotem Einband mit Goldschnitt, und vor allem mit den Illustrationen von Doré. Ich erinnere mich bis jetzt noch an die Kopfhaltung der »Eselshaut«, die im dunklen Zauberwald reitet, und an Rotkäppchen mit dem runden flachen Kuchen im Körbchen – une galette und einem anderen fast gleichen, nur mit Bändern auf dem Kopf. Dann die im riesigen Bauernbett schlafenden Töchter des Menschenfressers mit ihren goldenen Kronen. Ich habe ein gutes Gedächtnis für lauter Firlefanz, ich kenne und erinnere mich an nicht weniger als tausend Märchen verschiedener Völker – doch wozu? Dafür machen mir siebenmal neun und achtmal neun heute noch genausoviel Kopfzerbrechen wie in der Kindheit. Ich lebe schon lange nicht mehr auf dieser Welt, Boris, ich bin eingeschlafen, denn einen anderen Ausweg gibt es für mich nicht – so zu arbeiten, wie es nötig wäre, geht nicht, das Leben aber ist Arbeit, Schaffen plus alles übrige, von mir aus sogar ohne alles übrige. Ich schlafe unter all diesen Schneemassen, ohne überhaupt zu wissen, ob mein spätes Frühjahr kommen wird, wenn ich beweise, daß ich ein echter Wunderweizen bin und kein sich anklammerndes gefräßiges Unkraut. Oder ob ich die Eiskruste nie durchstoßen kann? Nur Deine seltenen Briefe kommen als Sonne zu mir – danach ist wieder Eis, Schnee und Mühsal, die alle nicht von mir abhängen und zu mir keinerlei Beziehung haben.

Skrjabin! Erinnerst Du Dich daran, wo er lebte? Es war wohl in Borissoglebsk oder Nikolo-Peskowsk. Ich habe mit seinen Töchtern Ariadna und Marina gespielt. Seine Frau und seine Mutter konnten diesen Tod nie überwinden, seine Frau, eine Schönheit mit schwarzen Augen, ganz samten, weinte über seinen Noten und ließ niemanden sein Instrument berühren. Sie hieß Tatjana Fjodorowna. Sie hatte immer Kopfschmerzen, sie starb daran – an Hirnhautentzündung. Erst nach ihrem Tod wurde Skrjabins Wohnung in ein Museum verwandelt, und da wurde alles dort still und manierlich – ohne die Schritte Deines Abgottes.

Ich bin schrecklich müde von all den Feiertagsvorbereitungen, müde und ganz durchgefroren, ich muß in einem ungeheizten Raum arbeiten – einem ungeheizten und lauten –, all die unzähligen Spruchbänder und Plakate male ich auf dem Fußboden, so daß von der geistigen Tätigkeit vor allem die Beine wehtun, bin ich doch die ganze Zeit auf Knien wie in der Karwoche. Ich arbeite viel, sehe aber kein Ergebnis außer Losungen. Die Alltagsbedingungen sind hier im Vergleich mit Moskau und sogar mit Rjasan vorhistorisch, und all das raubt jegliche Zeit und jegliche Kraft.

Wieder habe ich Dir alles so geschrieben, als ginge es über Stock und Stein, holprig und ungeschlacht. Ganz anders möchte ich mit Dir sprechen, aber Gott sei Dank wenigstens so.

Wenn Du den Wunsch und die Möglichkeit hast, schick mir doch ein bißchen von dem, was Du an Neuem geschrieben hast und schreibe mir.

Ich küsse Dich.

Deine Alja

5. Dezember 1951

Lieber Boris!

Ich schreibe Dir in großer Hetze, da ich wie eine Wahnsinnige arbeite. Datum um Datum holt mich ein und überholt mich, und ich muß alles rechtzeitig »festlich begehen und praktisch abwickeln«. Vielen Dank für das, was Du mir geschickt hast. Ich verstehe, wie schwer das jetzt für Dich ist, verstehe es so, als ob ich ganz in Deiner Nähe wäre. All diese irrsinnigen Räume hindern mich nicht daran, mir ganz genau alles vorzustellen, was mit Deinem Leben und mit Deiner Arbeit verbunden ist. Ich denke so oft und – kein Zweifel – so r i c h t i g an Dich! Das ist fast komisch, ich habe Dich insgesamt nur ein paar Mal im Leben gesehen, aber Du nimmst darin einen so großen Raum ein. Das ist nicht ganz richtig: »großer Raum« ist zu allgemein und hohl. Richtiger wäre: einen Teil von mir, einen Bestandteil von mir. So ist in urdenklichen Zeiten Mama in mich eingedrungen und wurde ein Stück von mir, wie ich ein Stück von ihr. Überhaupt verwandelt sich all das, was klar und einfach empfunden wird, in ein von diesem Gefühl fernes Abrakadabra, sobald ich versuche, es auf Papier auszudrücken.

Ich kann so gut nachdenken, wenn ich eilig irgendwohin, nicht allzu weit, unterwegs bin und rings um mich Schnee und nochmal Schnee mit den hier und da eingezeichneten Hieroglyphen der schiefen Zäune und den Drähten, die kräftig und sehnsüchtig vor Frost singen. Gut und einfach läßt es sich da nachdenken, als ob ein paar Schluck frischer Luft ausreichten und ein paar Blicke auf den Turuchansker Winter, um alles an den richtigen Platz zu stellen und Ordnung zu schaffen. Leider hilft diese Medizin, die so leicht zu beschaffen ist, nicht auf lange Zeit.

Ich werde schneller müde, und das macht mich böse und besorgt. Ich habe keinerlei Kräfte mehr, geblieben ist nur meine Zähigkeit, das heißt das, worauf ich als letzte Lebensreserve im Alter gerechnet habe! Manchmal möchte ich glauben, daß, falls sich mein Leben plötzlich durch einen wunderbaren Zufall ändern würde – gründlich und glücklich ändern –, die Kräfte wiederkämen. Es kann doch nicht sein, daß sie ganz verdorrt sind, ohne zu irgend etwas Sinnvollem gedient zu haben!

An den Novemberfeiertagen hat bei uns der Winter mit 50 Grad Frost eingesetzt, im Dezember aber taut es fast, und ich bin ein bißchen aufgelebt. Es ist wahnsinnig schwer, bei solcher Kälte zu arbeiten, wenn die Elemente von allen Seiten auf einen eindringen! Ich rette mich nur damit, daß der hiesige Winter schön ist. Er ist fremd, aber schön wie eine schöne Stiefmutter. Man erduldet von ihm so viel Böses und schaut ihn doch gern an.

Schreib mir doch wenigstens ab und an. Deine Briefe und dann noch Liljas Nachrichten sind das einzige, was mir die Seele wärmt. Für alles übrige genügt Birkenholz.

Innig küsse ich Dich, bin immer bei Dir.

Nochmals Dank für alles. Bleib gesund, und möge alles bei Dir »nicht noch schlimmer« werden!

Deine Alja

14. Januar 1952

Mein lieber Boris!

So lange bekam ich von Dir keine Briefe – und schreibe selbst nicht: ich werde müde, stumpfe ab vor Müdigkeit, vor der Anhäufung von Müdigkeiten. Mein Kopf gleicht dem Klub, in dem wir arbeiten: ein ungeheiztes Gebäude, in einer Ecke alte Losungen aufgestapelt, in einer anderen Kinoreklame, in der dritten ein Faß, in der vierten etwas Angefangenes und nicht zu Ende Gebrachtes, in der Mitte heruntergerissene Dekorationen. Übrigens, damit Du keine falsche Vorstellung von dem Klub als solchem hast – so sieht es in unserem »Arbeitszimmer« aus, ansonsten ist der Klub so, wie ein Klub sein muß, alles ist an Ort und Stelle, nur ist es sehr kalt.

Im Januar kam ich mit der Arbeitszeit etwas besser hin, ich arbeite acht bis neun Stunden, schaffe aber unverändert nichts Eigenes außer Wäsche, Aufräumen, Kochen usw. – das Alltagsleben frißt jegliches Sein. Übrigens hat dieses Alltagsleben im Winter seine eigene Gemütlichkeit – das Häuschen, die Wärme, den Herd. Auch die Gemütlichkeit, die die Tiere mit sich bringen: der Hund – er sieht so richtig wie die Kaschtanka bei Tschechow aus (ist auch ein Kosake in seinem Herzen!) und der sibirische Kater, ein Faulpelz und ein schönes Tier bis zum letzten Pelzhaar.

Interessante Menschen gibt es hier überhaupt nicht, oder sie sind nur in einem sehr bald langweilenden Sinne interessant, die Grenzen der Beziehungen sind sehr eng gezogen, im übrigen braucht man nur Geduld. Zu der aber reicht es nicht.

Unser winziges Häuschen ist meiner Ansicht nach sehr lieb. Frauen umgeben sich offensichtlich sehr schnell mit lauter kleinen und großen Sachen. Besonders schnell haben sich solche Sachen um Ada und mich angehäuft, nachdem wir Pakete bekamen (besonders sie, die Arme), lauter Sachen, die denen zu Hause im Wege waren, eine Masse von lauter überflüssigen und seltsamen Dingen – Scheren ohne Spitze, Zentimetermaße mit falschem Maß (Meilen oder Yards), irgendwelche Klemmen, Haarspangen, Lappen, Fäden, Kleidergürtel usw. – die Hauptsache

ist natürlich, daß es einem leid täte, sie fortzuwerfen –
»Erinnerungen«! Ada hat man sogar einen Samthut mit
Federn geschickt. (Ich habe ihn in den Klub zur Vervollständigung der Requisiten gebracht. Als ich weg war, hat
ihn einer von den Laienspielern aufgesetzt. Er spielte
einen amerikanischen Gangster – und das in diesem
Hut!)

Ja, weißt Du, unser Häuschen ist deshalb so sehr lieb,
weil wir alle Souvenirs in eine Truhe gelegt haben und auf
ihnen sitzen. Von außen sind sie nicht zu sehen. Alles bei
uns ist einfach und sauber, so daß wir die Enge des
Raumes kaum merken. Diese Enge wird im Überfluß
durch die Weite ringsum ersetzt, die uns gar nicht freut.
Alle Träume gehen stets der Strömung des Jenissej
entgegen, also von Norden nach Süden. Zu den
Feiertagen hatten wir einen Tannenbaum, einen ganz
hübschen, ordentlich buschigen. Ich habe ihn erst heute
weggeräumt, er fing an zu nadeln. Seit meiner Kindheit
liebe ich den Weihnachtsbaum, habe rechte Freude daran.
Anstelle von lauter öden orthodoxen Panichiden erinnere
ich mich licht und hell an Mama, die mir eine so
wunderschöne Kindheit geschenkt hat, die mich gelehrt
hat zu sehen, zu hören und zu verstehen. Die mich das
Fühlen sogar allzu sehr gelehrt hat.

Verzeih mir die krakelige Schrift, das Papier ist sehr
schlecht, und ich schreibe auf den Knien, verzeih mir die
Fehler, die ich immer mehr mache (ich meine die
orthographischen), dafür kann ich keine Rechtfertigung
finden. Für das oben geschriebene Durcheinander bitte
ich nicht um Verzeihung, in Deiner Herzensgüte findest
Du, daß das ein wunderschöner Brief ist. Schreib mir
wenigstens ein bißchen. Ja, Boris, w e n n e s D i r k e i -
n e M ü h e b e r e i t e t, schick mir bitte einen illustrier-

ten »Revisor« oder ein anderes Gogol[40]-Buch mit Bildern
außer »Taras Bulba«, das ist das einzige, was es in der hiesigen Bibliothek gibt. Das Jubiläum naht, und hier gibt es
nichts.

Innig küsse ich Dich.

Deine Alja

22. Januar 1952

Boris, mein Lieber, endlich habe ich Deine erste Nachricht
bekommen, schon von zu Hause. Hab Dank! Ich empfand
nicht gleich die Erleichterung, zu groß war in mir die Last
Deiner Krankheit, mir ist auch jetzt noch nicht leicht, ich
leide einfach noch weiter, weil ich daran gewohnt war, aber
zugleich steigt in meiner Seele das Morgenlicht des Tages
Deiner Genesung auf. Wie habe ich Dich dem dunklen
nördlichen Himmel abgebeten, dem eisigen nördlichen
Fluß, allen vier Winden, allen rauhen nördlichen Elementen, als ob gerade sie Dich gefangen hielten, als ob von ihnen
alles abhinge! Ich bete nicht, ich kann es nicht, ich glaube
nicht – ungeachtet aller Beschwörungen Assjas! Aber in der
Stunde des Grams, in der Stunde des Unglücks löse ich mich
ganz in heidnischer Weise im Himmel auf, nicht in dem, den
die Menschen ausgedacht haben, sondern in dem, der über
meinem Kopf ist, ich fühle, wie auch mein Schicksal
einbezogen ist in die jahrhundertewige Bewegung der
Schicksale aller Gestirne und aller Elemente – und der
Schmerz läßt nach. Da gibt es keine Zeit, keinen Raum,
keine Vorbehalte, ich trete in Dein Krankenzimmer und
nehme Dein Herz in meine Hände. – Ach, wie kurzfristig
ist diese Anästhesie! Und wieder stößt man mit dem Kopf
an die Wand – die einzige Form der realen Hilfe, die ich mir
und anderen erweisen kann!

Ich lebe immer so weiter, arbeite wie bisher sehr viel, wie
bisher nimmt der komische Haushalt hier die letzten
Krümel an Kraft, und alles noch so Unwichtige kostet
große Anstrengungen, in der Tat aber war die ganze Zeit
über das Wichtigste Deine Krankheit, eigentlich nicht die
Krankheit – Dein Leben.

Es ist sehr gut, daß ihr ins Sanatorium fahrt, und sehr gut,
daß Du schon zu Hause bist, und sehr, sehr gut, daß Du
mir geschrieben hast. Alles ist sehr gut. Wo wirst Du Dich
erholen, weiter weg oder irgendwo in der Nähe von
Moskau? Wie gut, daß Du zusammen mit Sina[41] fährst.
Was ist das eigentlich für eine seltsame Geschichte, daß ich
Dich fast in- und auswendig kenne, erheblich mehr und
tiefer als irgendeine Mutter ihr Kind – sie aber nicht und
über sie fast gar nichts weiß. Selbst dies, daß sie Sina heißt,
habe ich vor drei Wochen aus einer Postkarte von Assja
erfahren, wo es hieß, daß Sina schreibt, Dir ginge es besser.

Ich erinnere mich nur, wie wir vor langer Zeit, als Du für
ein paar Tage zu uns gekommen warst, inmitten von
Büchern und Apfelsinen bei Dir im Hotel saßen und Du
schrecklich verliebt warst (in Sina!) und unzusammenhän-
gend redetest. Dann sind wir mit Dir in ein Geschäft
gegangen und haben für sie ein Necessaire und ein Kleid
gekauft, und Du versuchtest, mir ihre Größe und ihre
Maße an meiner Größe und meinen Maßen zu erklären
und schautest gleichzeitig auf mich, aber irgendwie an mir
vorbei und durch mich durch. So wurde Sina von diesem
Tag an mit ihrer Größe und ihren Maßen, ihrer Haarfarbe
und ihren Augen, ihrem Wesen, mit all dem, dank dessen
sie, eben sie, Deine Frau wurde, für mich zu einem
vollkommenen, bleibenden Rätsel. Mit einem Wort:
»Ehefrau bleibt Ehefrau«, sagte Tschechow. Jede. Auch
Sina.

Mein Lieber, erhol Dich gut, komm zu Kräften, laß Dir
Zeit, laß Dich nicht trügen, wenn Du Dich besser fühlst,
und erschrick nicht beim Gegenteil, ich weiß, daß noch
etliche Zeit vergehen muß, bis alles in Dir ins Lot kommt
und sich beruhigt.

Wie immer bitte ich Dich, nicht über den Unsinn
meiner Zeilen zu staunen, ich schreibe immer nachts, fast
im Schlaf und wahrscheinlich bleibt frei von Unsinn und
frei von Schlaf nur eines, das Wesentliche: ich liebe Dich
sehr, so sehr, daß Du schon zu Hause bist und nicht mehr
im Krankenhaus. Wir alle haben uns für Dich eingesetzt,
haben Dich im Gebet abgerungen – die Sina, die Assja
und alle die, die ich nicht kenne – ich auch.

Ich küsse Dich innig, mein Lieber. Erhole Dich.

Deine Alja

19. März 1952

Mein lieber Boris!

Den ganzen Winter über habe ich wohl keinen einzigen
Brief von Dir bekommen und so seltsam das auch sein
mag, mir ist nicht danach, Dir für das hartnäckige
Schweigen auch nur den kleinsten Vorwurf zu machen.
Ich bin selbst schuld, weil ich Dir schrecklich öde
Episteln schicke, die bestenfalls nur den Wunsch bei Dir
auslösen können, in nicht weniger ödem Ton zu antworten, schlimmstenfalls in Schweigen zu verfallen. Das
kommt bei mir so ganz von selbst, als ob in mir ein
Zahnschmerz säße, der von selbst in den Briefen heraus-
müsse.

Wir haben einen wunderschönen März. Es glitzert und
glänzt, daß einem die Augen wehtun, so unerträglich
grell ist alles. Die Fenster tauen ab, von den Dächern

hängen die Eiszapfen herunter, aber sonst ist an Tauwetter noch nicht zu denken. Noch haben wir durchaus winterliche Fröste. Sehr schön sind die Nächte hier, da ist eine solche Stille, als ob dein Gehör in Erwartung ungewöhnlicher Laute, um dich auf ihre Wahrnehmung vorzubereiten, ausgeschaltet würde. Allein das eigene Herz schlägt, aber auch das fühlst du nur mit der Brust. Dann die Sterne! Sie strecken sich gleichsam aus, schikken ihre kleinen Strahlen aus und verbergen sie gleichzeitig, putzen ihr Gefieder wie Vögel heraus, zittern, lodern auf in Farbnuancen, für die wir keine Worte haben; es scheint, als mache es ihnen nichts aus, die strenge Ordnung des Weltalls zu verletzen und alle festen Formen der Gestirne durcheinander zu bringen. Die Milchstraße ist so schön über die Wasserstraße des Jenissej gelegt – im Winter ist er ja auch eine Milchstraße –, und alles ist so gut und so verständlich! Wenn man beim Sterben über sich einen solchen Himmel sähe und ihn so sähe, dann würde es weder Angst noch Kummer, noch irgendwelche Sünden geben! Nur, glaube ich, kommt der Tod immer zu früh, und wir beginnen ein wenig zu sterben, wenn der erste uns nahe Mensch stirbt. Ich zum Beispiel fing vor schrecklich langer Zeit an zu sterben, als ich begriffen hatte, daß Puschkin beim Duell getötet worden war. Später mußte ich noch schmerzlicher sterben. (Da bemühe ich mich, keinen öden Brief zu schreiben, mein Gott!)

Ich lebe, Boris, immer in derselben Weise, arbeite unendlich viel und eifrig, ermüde und verdumme. Drei Tage lang hatte ich Grippe und genoß es, habe zum ersten Mal seit vielen Jahren richtig im Bett gelegen, ein wenig gelesen, geschlafen und nur an Gutes gedacht wie in der Kindheit. Ich habe mich erholt und mich sofort besser gefühlt. Wahrscheinlich war ich sehr übermüdet, denn ich habe nur zwei Wochen Jahresurlaub, und der vergeht mit lauter anstrengendem Haushaltskram. Da ist unablässig irgend etwas zu tun – einmal fällt der Ofen auseinander, ein andermal ist das Dach nicht dicht, dann noch so etwas, aber das ist alles nicht interessant, bestimmt nicht! Ich würde mit vollem Vergnügen für einen Monat zum Beispiel nach Kislowodsk fahren, allein um dort absolut gar nichts zu tun, mir nur die Umgebung vom Balkon eines Sanatoriums aus anzuschauen. Mag der Himmel dort lange nicht so hinreißend sein wie hier, ich würde mich damit abfinden!

Ach, Boris, wenn Du wüßtest, wie gleichgültig mir das Leben auf dem Dorfe außerhalb der sommerlichen Datschenperiode ist und wie es sich mir auf die Seele legt! Besonders, wenn auch nicht der Hauch eines Endes davon zu sehen ist, außer dem eigenen natürlichen Ende. Ich will nur in der Stadt leben, und nur in Moskau. Ich bin voller dümmster Hoffnung, daß es auch dahin kommen wird. In meinem Schicksal muß es noch eine Reserve an guten Wundern geben. Ich warte sehr auf einen Brief von Dir, möchte sehr gern etwas von Dir wissen.

Ich küsse Dich innig.

Deine Alja

Gibt es Briefe von Deiner Tristesse, wie geht es ihr, wo ist sie? Schreibe mir!

6. Mai 1952

Mein lieber Boris!

Unendlich viel Dank für alles, was Du mir geschickt hast
und was gut bei mir angekommen ist, und nicht nur
dafür. Erstens und vor allem Dank für Dich selbst, dafür,
daß Du – Du bist! Mich hat das sehr aufgeregt: Dein
Brief und Mamas Gedichte. Ich erinnere mich, wie sie
entstanden – an die rote Tinte, an den Dachboden, an das
schmale Fensterkreuz und an dieses ganze Jahr 1919. Das
erste der Dachbodengedichte ist nicht vollständig, offenbar fehlt eine Seite, aber ich kann den Schluß nicht
auswendig. Dann die, die sie mit schwarzer Tinte geschrieben hat, sie stammen aus dem großen Zyklus der
»Jugendgedichte«. Sie sind nie vollständig veröffentlicht
worden und blieben im Manuskript nicht erhalten; es
gibt eine Schreibmaschinenabschrift des ganzen Zyklus.
Ich danke Dir, Du mein Lieber!

Überhaupt liebe ich Dich sehr, auch dafür, daß Du mir
ab und an schreibst, und Du brauchtest mir natürlich
nicht zu erklären, warum so selten; ich weiß das alles
selbst. Ich liebe Dich vielleicht nicht so sehr oder nicht
nur um Deines Talentes willen, sondern auch wegen der
Rahmen, in die Du es einzuordnen vermagst, in die
Rahmen des gesteckten Ziels, die Rahmen der Pflicht,
wegen des Arbeitsmuskels Deines Schaffens. Deshalb bin
ich auch auf Mama stolz, nicht umsonst hat sie eines ihrer
Bücher »Handwerk« genannt. Ich wüßte keinen Tag ihres
Lebens ohne Arbeit am Schreibtisch, vor allem anderen
und ungeachtet aller Dinge. D a s ist sehr wenigen
gegeben, sehr Auserwählten. An und für sich gibt es ja
Begabte und besonders Dichter wie Sand am Meer, und
so hoch sollte man schließlich und endlich ihre Inspiration auch nicht bewerten. Weißt Du eigentlich, warum

»Handwerk« diesen Titel bekam? Mama hatte einen Vierzeiler Karolina Pawlowas[42] sehr gerne, in dem sie ihre Dichtung mit gottesdienstlicher Handlung vergleicht und dann »ihre Traurigkeit«, »ihren Reichtum«, vor allem aber »ihr heiliges Handwerk« nennt. (Ich bin nur nicht sicher, daß es »Traurigkeit« hieß, so ist es mir seit der Kindheit im Gedächtnis geblieben.)

Nur mißbrauche meine Liebe zu Dir nicht und verzichte nicht ganz auf das Schreiben von Briefen, weil Du zum eigentlichen Schreiben nicht kommst. Ich muß bloß von Zeit zu Zeit wissen, daß Du lebst und gesund bist, und das kann man auch mit einer Postkarte, sogar mit einem Telegramm erledigen.

Vielleicht klingt das komisch für Dich, aber ich kann mir bis jetzt nicht verzeihen, daß ich neben manchem anderen, was ich unwiederbringlich nicht getan habe, seinerzeit, als ich in der Bibliothek der Kunstschule gearbeitet habe, nicht einfach die Monographie Deines Vaters habe mitgehen lassen, über die ich Dir damals schrieb. Sie war so wunderbar hergestellt, hatte so hinreißende Reproduktionen, darunter die Illustrationen zu »Auferstehung«, viele Kinderzeichnungen, darunter von Dir als Heranwachsendem, als Jüngling. Dann war da eine Familienfeier, wo alle mit Geschenken dastehen. Und Dein Porträt, jenes Halbprofil, dem Du bis heute gleichst. Darin war viel von Tolstoi und Schaljapin, vor allem aber gab es da so unfaßbar viel Leben – Leben, halb zugewandt, mit angedeuteter Geste, vorwärtsdrängendes und ewiges Leben in seiner ewigen Unvollendung und Unvollendbarkeit.

Lach nicht, aber ich wäre tatsächlich nicht nur weniger unglücklich, sondern sogar glücklicher, wenn ich dieses Buch hier bei mir hätte. Man wird es doch nirgendwo finden. Man kann es auch nirgendwo suchen.

Ein Ergebnis des von mir Durchlebten und Erlebten ist, daß viel Überflüssiges entfallen ist und viel Wesentliches blieb, zum Beispiel ist jegliches Kino entfallen, jegliches leichtes Lesen und Blättern, jegliches Interesse daran, jeglicher Bedarf danach. Wenn es mir schon nicht gegeben ist, schöpferisch zu sein, dann möchte ich wenigstens das Echte bis zu Ende erfahren: beim Lesen, beim Schauen, beim Fühlen. Aus rein äußeren Gründen ist es mir nicht gegeben, schöpferisch tätig zu sein. Gebe Gott, daß diese äußeren Gründe früher entfallen als ich selbst.

Vor kurzem habe ich Lilja geschrieben, daß ich das seltsame Gefühl habe, als lebte ich nicht mein eigenes, sondern irgendein fremdes Leben. Alles, was sich vor Turuchansk ereignet hat, war eindeutig das m e i n e, hier aber ist irgendein Loch, so als ob ich in Wirklichkeit lebendig, sagen wir, auf dem Dampfer zurückgeblieben sei. So ist es mir zum ersten Mal ergangen, und ich finde dafür keinen Grund. Es gibt keinen Grund, es gibt mich selbst nicht. Sehr selten begegne ich mir selbst: bei den Demonstrationen zum 1. Mai, manchmal in einem echten Buch, oder als wir vor einigen Tagen einen unserer jungen Arbeiter zum Wehrdienst begleiteten. Stell Dir ein Flughafengebäude vor, ab und an das anschwellende und wieder nachlassende Dröhnen eines Flugzeugs, das zur Landung ansetzt, die Klänge der den Einberufenen begleitenden Ziehharmonika, Tanzen und Singen vor den Standardlandschaftsbildern in vergoldeten Rahmen und den unter Schonbezügen verborgenen Sesseln – die steinernen Gesichter der Mutter und der Schwestern, hinter einer Glastür aber der blasse, matte, schwache Frühling: zusammengesackter Schnee, dadurch wirkte die Taiga noch höher, als ob die Bäume auf Zehenspitzen stünden, an Grün war noch nicht zu denken, lediglich die im Winter verborgenen letzten Zeichen des Herbstes waren wieder aufgetaucht. Aufs neue die Ziehharmonika, das Klappern der Schuhsohlen und ein Lied, aber in die Gesichter dringt trotzdem keine Wärme, um vom Sohn, vom Bruder, vom Kameraden tränenlosen Abschied zu nehmen. Aber man will doch beim Abschied immer weinen, sogar wenn man von vornherein weiß, daß der Fortfahrende es gut haben wird! Siehst Du, hier bin ich ein bißchen »mir selbst begegnet« – vielleicht, weil es für einen Augenblick nach echtem Leben roch? Aber auf dem Rückweg war ich schon nicht mehr ich selbst.

Nochmals danke ich Dir. Ich möchte sehr, daß Du nicht krank bist und daß dieser Sommer für Dich in jeder Hinsicht erfolgreich ist. Sage, können Deine Schmerzen im Rücken nicht irgendeine Art vegetativer Neurose oder etwas in dieser Art sein? Solche Geschichten sind langwierig, schmerzhaft, aber glücklicherweise nicht gefährlich. Es ist nur im allgemeinen schwierig, die Diagnose zu stellen – hast Du Dich an einen guten Neuropathologen gewandt?

Ich küsse Dich, mein Lieber, innig. Bleib gesund und ruhig.

Deine Alja

5. Juni 1952

Mein lieber Boris!

Noch schwimmen auf dem Jenissej vereinzelte Eisschollen, aber es ist schon Juni! Ich kann mich einfach nicht daran gewöhnen, daß hier die Natur und das Wetter so dem gewohnten Kalender hinterherhinken, ja überhaupt allem in der Welt. Draußen ist hoffnungsloser Regen, ein feiner, anödender Regen, und alles ringsum ist regenfarben – der Himmel, die Erde, selbst der Jenissej, der neben dem Haus rauscht. Dieser Regen war wie eine Krankheit schon einige Tage lang herangereift und schüttete schließlich los, so war es zuerst, dann aber ging er in einen gleichmäßigen Dauerregen über, es klopft und tropft eintönig auf das Dach. Nächte gibt es bei uns nicht mehr, es gibt nur den einen ununterbrochenen riesigen Tag, der einem sofort genauso gewohnt ist wie kürzlich die ununterbrochene Nacht. Noch gibt es nirgendwo auch nur ein Hälmchen oder ein Blümchen. Der Frühling ist noch faul und räkelt sich, der trübe, unfreundliche – wie die Tochter der alten Frau im russischen Märchen. Noch hat der Schiffsverkehr nicht begonnen, aber in einigen Tagen erwarten wir den ersten Passagierdampfer aus Krasnojarsk. Die Gänse, Enten und Schwäne sind gekommen, anscheinend ist alles fertig, alles an Ort und Stelle, es liegt nur am Frühling. Ich lebe unverändert so wie bisher, ohne Gottheit, ohne Inspiration, ohne echte Aufgabe, ungeachtet der ständigen Geschäftigkeit und dank ihr. Die Menge der kleinen und Mühe kostenden Arbeiten und Sorgen nimmt mir das sich zuspitzende Gefühl der Schuld und der Verantwortlichkeit für all das, was ich tue, nicht ab – es ist nichts Rechtes, führt im Grunde zu nichts. Der Alltag frißt das Sein auf, und es kommt im Grunde nichts anderes heraus als der heutige Regen, den der hiesige sumpfige Boden nicht braucht und der obendrein noch so scheußlich ist!

Ich habe niemanden, mit dem ich sprechen könnte. Natürlich bleiben alle meine früheren Gesprächspartner bei mir, aber das ist doch ein Monolog! Vom Dialog darf ich nicht einmal träumen. Das ist Schwermut, wahrlich!

Verzeih mir, daß ich mit meinem Regen zu Dir komme, als ob bei Dir immer schönes Wetter wäre, doch wem soll ich meinen Kummer klagen? Du weißt, wenn das Wasser in der Nähe rauscht und sein Rauschen mit dem Wind verfließt, erinnere ich mich immer an meine frühe Kindheit, wie Mama mit uns auf die Krim gefahren ist zur Urahne, zu Max Woloschins Mutter. Nacht, ein rundes Zimmer, wie ein Turmzimmer (es war wohl in der Tat ein Turm), auf dem Tisch ein kleines Licht, eine Kerze oder eine Leuchte. Durch das Fenster dringen Schwärze und das Brausen der Brandung, mit Wind vermischt, herein, und Mama sagt: »da braust das Meer«, die graue, lockige Urahne schneidet das Brot auf dem Tisch. Ich bin müde vom Weg, und mir ist unheimlich zumute.

Manchmal habe ich den Eindruck, daß ich nicht zum ersten Male lebe, verstehst Du das? Es gibt Menschen, denen es gegeben ist, ein Leben zu leben, und solche, die ihrer mehrere durchleben. Ich lese gerade ein Buch über die Dekabristen und habe die ganze Zeit das Gefühl, daß das alles vor ganz kurzer Zeit, in einer Zeit, an die ich mich erinnere, geschehen ist – vielleicht einfach deshalb, weil alles L e b e n d i g e den Lebenden nah ist? Puschkin ist doch ganz unser Zeitgenosse, Shukowski aber fern. Ich erinnere mich gut an Sergej Michajlowitsch Wolkonski, den Enkel des Dekabristen, und in der Tat liegt das nahe, sein Vater ist doch in Sibirien geboren!

Nein, lassen wir Regen Regen sein, trotz allem ist es interessant zu leben. Und trotz allem sind die L e b e n - d e n unsterblich!

Wenn Du vom Übersetzen müde bist und in den Garten gehen möchtest, um ein bißchen zu werkeln, in diesem Augenblick zwischen Übersetzung und Garten, da schreibe mir eine Postkarte (wenigstens). Laß mich doch die Illusion eines Dialogs haben. Ich möchte gerne wissen, wie es Dir geht, möchte, daß Dich keine Schmerzen quälen. Wenn Du lange schweigst, glaube ich (und ahne es schlimmerweise manchmal auch!), daß es Dir nicht gut geht. Ich habe Dir nicht so sehr wegen des Regens geschrieben, auch nicht so sehr wegen des freien Abends (und davon gibt es so wenige im Sommer – Brennholz, Kartoffeln, gesellschaftliche Einsätze bei Heumahd, Ernte, volkseigenen Bauten!), als wegen des Wunsches, Dir von ganzem Herzen etwas Gutes zu sagen. Und wieder ist es nicht gelungen.

Ich küsse Dich innig. Laß es Dir gut gehen!

Deine Alja

1. Oktober 1952

Mein lieber Boris!

Hab Dank für Deinen wunderbaren Brief, der mit dem ersten Schnee eintraf, der auf Turuchansk fiel. Dabei hatte es sich vom letzten Winter noch nicht erholt. Er kam vom Süden nach Norden, wie ein hartnäckiger Vogel, allen fortziehenden Schwärmen, allen fortschwimmenden Dampfern entgegen, allem, was dieses Gebiet um des Lebens und der Wärme willen verläßt. Diese Jahreszeit holt einem die Seele aus dem Leibe – darum schreibe ich Dir. Hinter dem Fenster aber läßt ein Dampfer seine Abschiedssirene tönen. Sie haben so einen Brauch: bei der letzten Fahrt verabschieden sie sich von den Ufern – bis zum nächsten Frühjahr. Auch die Gänse und Schwäne verabschieden sich. Der Schnee aber fällt, und alles ringsum wird wie geschwärztes kaukasisches Silber, und man möchte den Mond anheulen. Aus dem vierundzwanzigstündigen Tag sind wir bereits in die vierundzwanzigstündige Nacht eingetaucht – Nacht, Nacht und sonst nichts! Wenn man den Schmerz des Sommers und der

Sonne im Herzen überwunden hat, fängt der richtige Winter an, er hat in seiner Weise sogar etwas Gemütliches.

Überhaupt aber würde mir das Leben unvergleichlich schwerer fallen, wenn ich nicht ständig spüren würde, daß Du lebst und schreibst. Darin liegt eine gewisse Berechtigung meines Nicht-Lebens und Nicht-Schreibens, so wie die oben erwähnte Nacht ihre Berechtigung im oben erwähnten Tag findet. Warum – das habe ich mir nicht überlegt, aber es ist so. Ich schreibe Dir diese Zeilen, um sie noch rechtzeitig vor der Gott sei Dank nur kurzen Unterbrechung abzusenden, wenn wegen des Wetters die Post auf Telegramme beschränkt ist. Ich bin zu Tode müde, und ich habe keine Sekunde zum Verschnaufen, hetze wohl auch im Schlaf. Die mühevollen häuslichen und die ermüdenden beruflichen Dinge und überhaupt die in jeder Hinsicht schwere Jahreszeit. Bald werde ich Dir mehr oder weniger, wie es sich gehört, schreiben, werde auf Deinen Brief antworten, zunächst aber nimm nur diesen kurzen Dank dafür, Du meine Freude!

Ich küsse Dich. Vor allem, bleib gesund!

Deine Alja

10. Oktober 1952

Mein lieber Boris!

Soeben habe ich Deine Nachricht wegen der Überweisung und ein paar wunderbare Zeilen auf diesem Behördenformular erhalten! Hab Dank, mein Lieber, ich danke Dir unendlich für alles, vor allem aber, daß alles, was von Dir kommt, für mich ein Feiertag ist, also etwas, was ich absolut nicht habe und ohne das ich absolut nicht leben kann. Jedesmal, wenn ich Deine Handschrift sehe, steigt in mir das Gefühl eines tiefen Glückes auf, wie in der Kindheit, wenn ich wußte, daß morgen Ostern ist oder Weihnachten oder zumindest Geburtstag. Überhaupt liebe ich Dich entsetzlich (vielleicht habe ich das geerbt?), liebe, wie nur Auserwählte die Auserwählten lieben, also ohne mit der Zeit, mit dem Jahrhundert, mit dem Raum zu rechnen, liebe so hemmungslos über alle Barrieren hinweg! Aber ich kenne Dich ja, ich bin sicher, daß Du, der Du diese Zeilen als in der Zeit und im Raum geschrieben auffaßt, als Antwort schreiben wirst, Du hättest Grippe und Du hättest immer schrecklich wenig Zeit und überhaupt. Du hast mich schon ein paar Mal so belehrt, und natürlich ohne Erfolg.

Wir haben Winter, und zu Anfang, ehe er richtig Fuß gefaßt hat, ist das wunderschön. Wieder ist das ganze Leben schwarz auf weiß geschrieben – der Schnee ist ganz neu, und alles auf ihm wirkt neu und klein, alle Hütten, Menschlein, Pferdchen, Hundchen. Nur der Fluß ist wie immer aller Behaglichkeit beraubt, und wie früher läßt seine unerbittliche Bewegung, auch wenn sie von Eisbrocken gebremst ist, die Seele erzittern.

Der Himmel ist hier immer niedrig, nahe und mehr als irgendwo faßbar. Bis zur Sonne und bis zum Mond kann man hier hinlangen (das ist anders als mit Moskau). Man sieht mit eigenen Augen, woraus der Norden Wetter und Unwetter bereitet, und man wundert sich über nichts. Allein das Nordlicht hebt bisweilen das Himmelsrund in solche Höhe, daß es einen im Innersten aufwühlt, dann aber sinkt es wieder ab, und wieder gibt es nichts zum Staunen.

Wenn es Dich nicht gäbe, wäre ich sicher sehr einsam, aber ich sehe doch alles ein bißchen mit Deinen Augen, ein bißchen mit Dir zusammen, und davon wird mir leichter.

Und sonst ist das hiesige Leben ähnlich wie »à la Lutschinuschka«.[43]

Heute ist der letzte Dampfer abgefahren. Er legte von unserem häßlichen Ufer ab, ließ seine Abschiedssirenen ertönen und zog nach Süden fort, überholte kurzfristig den Winter. Wir aber sind zusammen mit dem Ufer hiergeblieben: die Menschen, die Flöße, die Stadel braunen Heus, die umgekippten Boote, und all das von Schnee bestäubt. Noch ist es warm, doch der Horizont ist rosa wie eine aufgeschnittene Melone – es geht auf den Frost zu. Warum schreibe ich Dir all das? Winter ist Winter, das gilt mit derselben Intonation wie Tschechows »Ehefrau ist Ehefrau«.

Seit dem Frühling und bis zum ersten Schnee habe ich mich mit lauter Haushaltsdingen abgemüht – Reparaturen, Brennholz –, abgemüht deshalb, weil alles über meine Kraft geht, weil ich es ungern mache, – nicht weil es schwer und mühselig ist, sondern weil ich es nur für mich mache, alles ist notwendig und alles ist für mich völlig überflüssig. Verstehst Du das? Abends beim Schlafenlegen sah ich immer ein und denselben blöden Traum: ich gehe spätabends durch eine Stadt und suche das Geschäft »Printemps«. Es ist hell erleuchtet und taucht hinter einer Ecke auf, ich gehe hinein und schlendere die ganze Nacht durch alle Etagen, bis sich mir vor lauter Seidenstoffen, Spitzen und Firlefanz der Kopf dreht. Wahrlich, dieses Geschäft brauche ich genauso notwendig wie mein ganzes Leben hier in Turuchansk. So wurde ich den ganzen Sommer von einem Pol zum anderen hin- und hergerissen, im Schlaf und im Wachen, zwischen dem, den ich verlassen habe und dem, zu dem ich gekommen bin. Kurzum, ein verlorener Sommer!

Tschechow, den ich sehr mag, habe ich wieder einmal gelesen, las »Fünfzig Jahre im Dienst« von Ignatjew, dort gibt es wunderbare Worte von Clemenceau über Briand: »ein Mann, der nichts weiß und alles versteht«. So geht es mir auch.

Ich höre mit meinem üblichen verrückten Geschreibe auf, denn ich bin bis zum Blödwerden müde, den Rest sage ich Dir im Einschlafen, ohne daß ich dieses Mal in mein Traumgeschäft gehe. Wir beide gehen einfach durch die Stadt und plaudern – die ganze Nacht.

Nochmals sehr herzlichen Dank neben allem anderen für das Geld, das jedes Mal eine solche Hilfe ist und immer kommt, wenn besondere Not ist!

Übrigens, das erste, was ich damit gemacht habe, war, mir einen zitronenfarbenen Zelluloidlöwen zu kaufen, einfach um mir zu beweisen, daß ich machen kann, was ich will, ohne jede Berechnung!

Ich küsse Dich innig und umarme Dich natürlich!

Deine Alja

Voller Ungeduld warte ich auf irgend etwas von Dir, etwas, was Du selbst geschrieben hast, oder wenigstens, was Du übersetzt hast!

8. Dezember 1952

Mein lieber Boris!

Vor kurzem bekam ich eine Karte von Lilja und danach das Telegramm, daß es Dir besser geht. Gott sei Dank! Nicht, daß ich mich aufgeregt oder beunruhigt hätte – denn ich bin sowieso fast immer über irgend jemanden und irgend etwas aufgeregt oder beunruhigt – sondern alles in mir geriet einfach zunehmend in Abhängigkeit von Deiner Krankheit, ich begriff und fühlte im Grunde genommen nichts außer ihr. Kurzum, ich war die ganze Zeit zusammen mit Dir krank und bin es noch weiter. Immerhin, nach der Nachricht, daß Du auf dem Wege der Besserung bist, wurde mir leichter ums Herz. Aber das ist bei mir immer so gewesen, daß ich jeden Schmerz und jede Aufregung schwerer überstehe und länger in mir bewahre, als es nötig ist, und daß ein Schmerz, wenn er physisch beendet ist, in mir noch lange weiterlebt. So ist es auch jetzt – Dein Schmerz sitzt noch in mir, obwohl ich weiß, daß Du es nicht mehr so schwer hast.

Ich habe Dir die ganze Zeit wegen einer inneren Erstarrung nicht geschrieben, die sich erst dann richtig lösen wird, wenn ich von Dir die ersten Zeilen nach der Krankheit erhalte. Die ganze Zeit denke ich an Dich und mit Dir, und alle meine Kräfte sind Deinen hinzugetan, um so schnell wie möglich die Krankheit zu überwinden. Das sind keine Worte.

Sonst geht bei mir alles den alten Gang. Der Winter ist in diesem Jahr anscheinend besonders grimmig, die ganze Zeit um 40 Grad, einige Tage fiel es auf 50 Grad, dazu die ganze Zeit Wind. Wir beide sind von früh bis spät bei der Arbeit, wenn wir nach Hause kommen, ist alles durchgefroren und an den Wänden hat sich Schnee gebildet. Glücklicherweise haben wir einen guten Ofen, er macht es sofort warm. Mehr noch als die Kälte setzt uns die Dunkelheit zu, ein Tag ist so kurz, daß er nicht der Rede wert ist. Von früh bis spät brennen die Petroleumlampen, nur an den seltenen Sonnentagen dämmert es gleichsam für kurze Zeit. Die Augen werden sehr müde, und überhaupt wird alles von der Kälte und Dunkelheit sehr müde, von ihrer Unvermeidbarkeit und Gleichförmigkeit. Gleichförmig ist hier alles, selten sind Lichtblicke

von etwas Neuem oder von etwas wie neu Gesehenem.
Darum bereiten hier die Feiertage immer besondere
Freude, das sind wirklich »rote« Tage mit den Spruchbän-
dern und Fahnen, Tage, die mit roten Lettern in die
weißen Seiten des Winters geschrieben sind. Ich lebe so
fern von allem, daß ich Entfernungen, Ausmaße, Um-
fänge nicht mehr wahrnehme. Stehe ich am Steilufer,
dann fühle ich den Rücken nahe dem Nordpol, das Gesicht nahe Moskau, den Kopf nahe dem Himmel. Alles ist
nahe, einfach und bekannt – die arabischen Sonnenauf-
gänge über der Eiswüste und die Sternregen und . . .
und . . . und . . . A propos wegen »und«: ich habe »Für
die gerechte Sache«[44] gelesen, alles außer dem Schluß. Da
mußten mir einzelne Stellen gefallen, mußte mich das
Buch als Ganzes enttäuschen. Es ist brüchig, hat kein
Rückgrat, keinen Halt, keinen Helden – ist ein Notizheft
und kein Buch. Grossman ist natürlich begabt und
zweifellos ein guter Beobachter, aber mich ärgert immer
wieder diese Art des Erzählens (ebenso bei Ehrenburg[45]
und vielen anderen, angefangen bei Dos Passos). Als ob
der Autor ein Drehbuch schreibt und sich vorher vor-
stellt, wie das alles auf der Leinwand aussehen wird.
Einige Stellen sind (meiner Ansicht nach) irgendwie
taktlos, zum Beispiel steckt da eine Frau im Luftschutz-
keller ihrer Freundin eine Brosche an, weil sie fühlt, daß
sie sich nicht wiedersehen werden. Hätte eine ältere Frau
einer anderen ein Tuch um die Schultern gelegt, das wäre
schon glaubhaft gewesen, aber eine Brosche konnte eine
Achtzehnjährige einer Achtzehnjährigen anstecken – für
die ist eine Brosche Wertgegenstand und Erinnerung
sogar im Bombenhagel. Außerdem scheint es mir für die
Intelligenz nicht charakteristisch zu sein, den Ab-
schiedscharakter einer Begegnung zu unterstrei-

chen. Es mag einer wissen, daß es für immer ist, aber den anderen, den Nahen, läßt du das nicht merken, damit e r es nicht weiß, nicht fühlt, damit es f ü r i h n leichter ist. Viel, sehr viel Derartiges hat mich an diesem Chronik-buch betrübt. Richtiger ist wohl, ich mäkele, sehe es von meinem hohen Turm aus, ich hätte es eben nicht so gemacht, ich hätte es anders geschrieben . . . Einzelne Stellen aber sind gut, gut sind Umgangssprache und Natur.

Innig, innig küsse ich Dich, erhole Dich, mein Lieber.

Ich stelle mir vor, wie Dich Krankheit und Unbeweg-lichkeit mitgenommen haben! Werd gesund!

Deine Alja

25. Februar 1953

Mein lieber Boris!

Heute habe ich Dich im Traum gesehen (dieser Anfang verspricht nichts Vernünftiges, und gleich steigt Assja in ihren schlimmsten Äußerungsformen in mir auf, also mit ihren Traumgesichten!). Trotzdem, ich will es erzählen. Wir gingen nebeneinander, und auf der linken Seite lag der blaßgrünliche und flimmernde Eisgang, er war zu-gleich das Meer. Du sprachst darüber, daß alles relativ sei, daß die gleichen Kiefern in Turuchansk und auf der Krim stünden, ich aber hörte schlecht zu und blickte auf Dein Profil, das sich dunkel vor der Sonne abhob, und war über und über voller Stolz und List. Wir gingen weiter, uns überholten Lastwagen, die in Zisternen Wasser vom Wolga-Don-Kanal transportierten. Dann kam eine Stadt, und wie die anfing, da hieltest Du einen Lastwagen an und erbatest vom Chauffeur Wasser, um Medizin einzu-nehmen. Die Medizin war in einem kleinen viereckigen

Fläschchen, und Du mußtest sie viermal am Tage einnehmen. Wir suchten nach einem Glas und lachten darüber, daß wir es suchten. Du nahmst Dein Pülverchen und trankst Wasser aus meinen Händen nach. Ich schaute von oben und voller Zärtlichkeit auf Deinen Nacken. Dann klopftest Du der Zisterne auf die Seite, als sei sie ein Pferd, und sagtest, das Wasser sei heilig und lebenspendend. »Alles Gute!« sagte der Chauffeur, und das heilige und lebenspendende Wasser fuhr fort. Später, als wir schon durch die Stadt gingen, sagtest Du plötzlich, ganz so wie die einfachen Leute: »Wir werden Dich dennoch herausholen müssen beim Mütterchen!«, dann überlegtest Du und fügtest hinzu: »Ich weiß nicht, wohin ich meinen Kopf neigen soll. Ich lege ihn Dir auf die Knie.« Dann überlegte ich, wie das alles zu Dir paßt, sogar wenn Du »Mütterchen« sagst (das über meine Mama!) und »herausholen«. Ich wachte mit dem Gefühl auf, daß Du in der Tat neben mir warst. Jetzt ist schon Abend, und das Gefühl der Freude darüber, daß ich Dir begegnet bin, ist noch nicht vergangen, nicht geschwunden. Ganz wach lief ich auf die Post und bekam Deine Postkarte aus Bolschewo. Gott sei Dank, daß Du Dich besser fühlst. Du kannst Dir nicht vorstellen, wie ich mir Deine Krankheit habe zu Herzen gehen lassen, und was das für ein Glück ist, wieder Deine Zeilen in Händen zu halten! Nur arbeite nicht zu viel, überanstrenge Dich nicht. Denn Du spürst doch sicher keine Müdigkeit, wenn Du arbeitest. Mich ermüden nur der Haushalt und – wahnsinnig – Gespräche, so daß ich Dich mit Deinem Verlangen nach Einsamkeit bei Spaziergängen voll verstehe. Überhaupt überkommt mich mit meinem Alter offenbar der Größenwahn. Immer habe ich den Eindruck, daß ich allein »Gespräche führe«, alle übrigen »schwatzen«. Übrigens vermeide ich das eine wie das andere.

So bist Du also in Bolschewo. Ja, wir alle haben dort gelebt, unsere Datscha war nicht weit vom Bahnhof. Ich war dort wirklich glücklich und war mir dessen bewußt, daß ich glücklich bin. Ich habe nicht später durch Vergleich begriffen, daß das Glück war, sondern lebte einfach, und jeder Tag war bewußt, richtiger, war bewußtes Glück. Unwahrscheinlich! Und dabei war ich das.

Ich arbeite wie bisher viel, komme aber zum Lesen und Nachdenken über das Gelesene.

Übrigens, hast Du in der »Prawda« Bubennows Rezension über Grossmans »Für die gerechte Sache« gelesen?[46]

Dieses Briefchen wage ich Dir nach Bolschewo zu schicken, obwohl ich keine Ahnung habe, welches die richtige Adresse ist. Also, dort bist Du!

Erinnerst Du Dich, wie wir beide auf dem Platz gegenüber dem Pressehaus[47] saßen und Dir so schwer ums Herz war, mich aber das »bewußt erlebte« Glück von Bolschewo erfüllte? Du sagtest, Du würdest mich beneiden, daß ich so jung sei und daß für mich alles so einfach im Leben sei. Das war wohl das einzige Mal, daß Du mich betrogen hast!

Die Tage bei uns werden länger, wärmer, wir haben etwa 15-20 Grad minus. Mein vierzigster Frühling naht, aber vom rein weiblichen Standpunkt her berührt mich das wenig, denn das hiesige Klima bewahrt sogar den Mammuten die Jugend!

Ich küsse Dich innig, erhol Dich gut!

Deine Alja

Turuchansk, 6. Mai 1953

Mein lieber Boris!

Müde bin ich wie ein hiesiger Hund (ja, wie ein hiesiger, denn sie müssen den ganzen Winter Schlitten mit Wasser und Holz ziehen), und daher bin ich erst jetzt in der Lage, Dir ein bißchen zu schreiben, Dir für Deine unablässige Fürsorge zu danken. Hab Dank für alles, mein Lieber! Ich habe Dir an irgendeine Phantasieadresse nach Bolschewo geschrieben, als Du dort zur Erholung warst, aber ich weiß nicht, ob mein Brief angekommen ist oder nicht. Aber das Unglück wäre nicht groß. Ja, dieses Jahr ist voller Ereignisse und Veränderungen.[48] Ich begreife das ein bißchen mit dem Verstand, aber ich schaffe es nicht, es mir richtig zu eigen zu machen. Ich bin offenbar so vom »Durchlebten und Erlebten« übersättigt, daß alles Nachfolgende irgendwie die Seele nicht erreicht, wenn von ihr bei mir überhaupt ein bißchen geblieben ist. Höchstwahrscheinlich bin ich einfach schrecklich müde, werde ein bißchen Abstand gewinnen und mich erneut über alles wundern.

Wieder ist Frühling. Hier gleicht er bis zum offensichtlichen Sommeranfang einem Hermelin, ist weiß mit schwarzen Tupfen, wo der tauende Schnee die Erde ein bißchen durchblicken läßt. Anfangs hat diese ungewöhnliche Frühlingsfarbe mich gefreut, jetzt aber habe ich mich daran gewöhnt, und ich mag diese armselige Halbtrauer nicht mehr, die sich über Tausende von Kilometern und über Dutzende von Tagen erstreckt. Fadheit, die von ihrem Ausmaß her schrecklich ist, was könnte widerlicher sein? Und dann, hier kann man leben, solang man will, auf Flieder wird man vergeblich warten. Die Vögel singen nicht, die Blumen duften nicht, die Hühner legen keine Eier, alles ist verdreht, alles umgekehrt. Dabei ist der Frühling hier wie überall die beste Jahreszeit. Was soll man da über die anderen sagen?

Ab und an erhalte ich mit gemischten Gefühlen – Liebe und Verärgerung – Briefe von Assja, die sie absichtlich auf Papierfetzen schreibt, ohne Anfang, ohne Schluß, ein Stück Durchschlag, ein Stück Original, regelrechte Skythengräber. Man gräbt und gräbt, bis man – und das nicht immer – auf irgendeinen Bronzeschmuck stößt, dann aber auch nicht herausbekommt, wo und warum man ihn getragen hat. In ihr ist sehr viel von Mama, aber es ist entstellt und bis zur Unkenntlichkeit verunstaltet, die beiden sind einander ähnlich und unähnlich wie die hiesigen Schiffsmast-Kiefern und japanische Bonsai-Kiefern. In meiner Liebe zu Mama bin ich immer s t o l z, bei Assja aber ist das durchaus nicht so, ist es anders. Dann ist Assja mit all ihrem zweifellosen Edelmut zäh und biegsam, wovon Mama überhaupt nichts hatte. Lilja schreibt auch, und auch selten und wenig, aber ihre Briefe freuen mich immer ungemein. Sie ist voller Wärme und Licht, voller – nun, wie soll ich sagen? Mütterlichkeit vielleicht? Es mag Mütterlichkeit sein – sowohl gegenüber den Menschen als auch gegenüber der Arbeit, dem Leben: gut ist auch ihr Verantwortungsgefühl gegenüber allen und für alle. Ich fühle mich auch nur mit ihr und mit Dir verwandt, dabei bin ich schon so viele Jahre Stieftochter, wie ist mir das alles zuwider! Vor allem, äußerlich gewöhnt man sich daran, innerlich ist es unmöglich. Hinzu kommt, daß Stieftöchter bis zum Alter von, sagen wir mal, 25 Jahren annehmbar sind, aber um die vierzig bekommen sie etwas Hexenhaftes und Bärenhaftes.

Pflücke mir doch wenigstens ein kleines Stückchen von Deinem lieben Moskauer Frühling, schreibe mir, was Dein Herz macht und wie es Deiner Arbeit geht. Ich weiß, wie – berechtigt – geizig Du mit Deiner Zeit und dementsprechend mit Briefen bist, aber schreib mir trotzdem ein bißchen. Ich bin doch auch fast ein Roman (und ein ausgesprochen langer, langer . . .), ich kann doch nicht ein ganzes Leben lang ein Brockhaus-Dasein führen, und später hat mir vielleicht der allmächtige Autor trotzdem eine nicht allzu traurige Lösung zugedacht –? (Das soll heißen, daß ich durchaus Briefe verdiene!)

Ja, ich habe fast nicht bemerkt, wie hier in diesem Jahr die Maifeiertage vergangen sind – habe nur sehr viele und malerische Betrunkene gesehen. Einer von ihnen hat sogar mit der Stirn eine Scheibe in unserem Klub durchschlagen, um frische Luft zu schnappen. Er hat sie durchschlagen und ist abgezogen, so daß nun wir es sind, die in den Genuß der frischen Luft kommen.

Ich küsse Dich innig, laß es Dir gut gehen. Hab unendlich viel Dank für alles.

Deine Alja

29. Mai 1953

Mein lieber Boris!

Ich habe solche Sehnsucht nach Dir, obwohl ich so selten schreibe. Die nicht endenwollende Arbeit und die Sorgen fressen nicht nur meine Zeit, sondern auch mich selbst ganz auf, richtiger, sie fressen mich nicht auf, sondern sie zerpflücken und zerstückeln mich. In den seltenen Minuten, wenn ich allein bin und mich fange, fühle ich mich trotzdem wie ein Mosaik. Oder »der Schwan drängt nach den Wolken, der Krebs geht zurück, und der Hecht zerrt ins Wasser« – all das in einer Person. In solchem Zustand ist es sogar schwer, einen Brief zu schreiben.

Der Mai geht zu Ende, heute haben wir den ersten

Frühlingstag, blau und kalt. Es ist kalt, weil das Eis in
Gang gekommen ist. Draußen ist ein richtiges Ozeange-
töse, mächtig und gleichgültig. Die Gleichgültigkeit von
Wasserflächen erschüttert mich seit meiner Kindheit – in
jedem lebendigen Feuer ist mehr Temperament als im
Jenissej, der in den Ozean mündet, und mehr als im
Ozean, der den Jenissej verschluckt. Das Wasser ist
gleichgültig und stark wie der Tod, ich fürchte es und
liebe es nicht. Gestern ertrank vor meinen Augen ein
Junge, der vom Ufer aus einen treibenden Baumstamm
herausholen wollte. Am einen Ende des Seils ist ein
Eisenhaken, das andere hält man in den Händen; wenn
ein Stamm heranschwimmt, holt man kräftig aus, wirft
das Seil, der Haken frißt sich in den Baum. Der Junge
hatte das Seil an sich gebunden, der Haken des von ihm
hinausgeschleuderten Endes blieb nicht an dem Stamm,
sondern an einer vorbeiziehenden Eisscholle hängen, die
ihn vom Ufer wegzerrte, mit sich riß. Zwei Schritte vom
Ufer verbarg ihn vor den Menschen ein gewaltiger Berg,
über- und durcheinander getürmte Eisschollen –, und
nichts machte auch nur für eine Sekunde Halt, denn die
»Schweigeminute« haben die Menschen ausgedacht! Un-
aufhaltsam strömte das Wasser weiter und blies der
Nordwind, flogen die zerfetzten Wolken schräg dahin,
und Gott wirkte kein Wunder; auch die Menschen
retteten ihn nicht, vom lehmigen Ufer her schrie die
Mutter und zerriß ihre Jacke. Ihr Gesicht, ihre nackten
Arme – sie kam vom Waschen – und ihre Brust waren
weiß wie geschmolzenes Metall. Die Menschen wandten
ihre Augen ab. Tod und Gram sind immer nackt, und
man schämt sich, sie anzuschauen.

Boris, mein Lieber, mir ist hier selbst der Frühling
zuwider geworden, nicht wegen dieses Jungen, sondern

überhaupt. Der Himmel ist bald dicht, bald hohl, das Wasser seelenlos, das Grün kümmerlich, die Menschen sind seit langem von Gorki erzählt. Durch das Dorf trotten Kühe, mager wie im biblischen Traum, und sie haben alle die gleichen Augen – wie griechische Statuen. Sie fressen die Rinde von den Erlenstecken an den Gemüsegärten und scheuern ihre Rücken an alten Telegrafenmasten. Über das Pflaster gehen Pferde, die sich vor dem Pflügen ausruhen. Die Menschen schlurfen durch den Dreck. Auf den Erdhügeln, auf denen die Häuser stehen, sitzen die Jungen und betrachten die vorübergehenden Mädchen, die angezogen haben, was man im hiesigen Laden so kaufen kann, also jede zweite im Getüpfelten, jede dritte in Rosa, jede vierte großblumig wie ein Apfelschimmel und alle mit blauen Strümpfen. Über all dem liegen der schwache, über den Fluß herziehende Duft der Traubenkirschen und die ebenso süßlichen Klänge einer alles besiegenden Ziehharmonika.

Heute kam der erste Dampfer. Unter den Passagieren waren, wie mir die Mädchen erzählten, überhaupt keine jungen und interessanten Leute. Ein junger und gut angezogener Mann ist zwar von Bord gegangen, aber da es sich herausstellte, daß er Instrukteur des Kreisparteikomitees ist, der gekommen ist, um die Ergebnisse der Politschulung in den Komsomolorganisationen zu überprüfen, ist das Interesse an ihm geschmolzen und hat ehrfürchtiger Aufregung Platz gemacht.

Wir haben schon wieder 24 Stunden hintereinander Tag, das macht es auch nicht leichter.

Ich küsse Dich innig, laß es Dir gut gehen!

Deine Alja

27. Juli 1953

Mein lieber Boris!

Ich mache mir große Sorgen um Deine Gesundheit und Dein Schweigen. Was ist mit Dir, wie geht es Dir? Schreibe mir doch ein paar Worte auf eine Postkarte, das reicht mir dann für die nächsten zwei Monate.

Ich lebe unverändert so weiter und bin von diesem »so weiter« so abgestumpft, daß an mir überhaupt nichts mehr hängenbleibt und sogar all die ungewöhnlichen Ereignisse der letzten Zeit nicht bis in mein Herz dringen. Wahrscheinlich habe ich auch fast kein Herz mehr.

Der Juli war bei uns richtig heiß, zum ersten Mal in den vier Jahren. Nach dem Wetterbericht war es in Krasnojarsk die ganze Zeit so wie in Taschkent und Aschchabad. Turuchansk wollte hier nicht zurückbleiben. Alles fing einen Monat früher als gewöhnlich an zu wachsen und zu blühen – wir haben doch Sonne Tag und »Nacht«! Alles wäre gut und schön gewesen, wenn es nicht die Mücken und das Schnakengetier gäbe. Sie haben unser Leben im wahrsten Sinne des Wortes vergiftet und waren, wie sich zeigte, stärker als Sonne, Hunger und Schlaf.

Die Beeren fangen an reif zu werden, ich gehe in den Wald, aber durch das Moskitonetz und wegen der Mückenstiche nehme ich den Wald gar nicht wahr, bin nur auf Sumpfheidelbeeren und Blaubeeren konzentriert. Ab und an gerate ich in den Sumpf oder stoße auf eine Kuh, die wie ein Dekorationsfelsen daliegt. Überall sind Kühe – im Wald, auf dem Flughafen, auf dem Friedhof und natürlich in jeder Straße. Man kann aber nur saure Milch kaufen.

Ich erwische mich dabei, wie ich manchmal ernsthaft durch das Klubfenster auf die Passanten schaue, wer von den Bekannten ein neues Kleid hat und von wo der Stoff kommt und zu welchem Preis? In den vier Jahren hier kenne ich alle Einwohner, erkenne sofort die Zugereisten. Übrigens, die Zugereisten; da war eine Zeitlang ein richtiger Ansturm von Amnestierten. Die meisten von ihnen haben bei den geologischen Probeschürfungen, die hier im Sommer durchgeführt werden, Arbeit gefunden. Sie brachten in unser eintöniges Leben eine gewisse Belebung, raubten einige Wohnungen aus und leerten nicht wenige Taschen. (Natürlich nicht alle, sondern nur einige, bei denen ohnehin Hopfen und Malz verloren ist.)

Im Nebendorf tauchte am Ufer ein nackter Mann auf, der aus dem Jenissej herangeschwommen war. Die Kolchosleute opferten ihm Hosen und ein Unterhemd und fragten dann nach seinen Dokumenten – woher soll ein Nackter Papiere haben? Der nackte Mann berichtete, er sei amnestiert worden und zusammen mit einigen anderen Schicksalsgefährten aus dem Lager fortgezogen. Unterwegs hätten sie Karten gespielt, zunächst um Geld, dann um Brot, dann um die Kleidung, und es hätte damit geendet, daß jemand ihn selbst verspielt hätte, und als Spielverlust hätte man ihn vom Schleppkahn in den Jenissej geworfen. Ich habe ihn gesehen, er trug immer noch diese Kolchoshosen und wartete auf Arbeit in seinem Beruf. Auf die Frage, was er für einen Beruf habe, antwortete er: »Taschendieb«.

Aber das ist ja alles dummes Zeug.

Ich lese zur Zeit Deinen Shakespeare wieder. Er ist hier durch viele Hände gegangen, und alle diese ja nicht mit geistiger Arbeit befaßten Hände waren so behutsam zu ihm, daß die Bücher wie neu sind. Goethe ist in den benachbarten Kolchosen zu Gast und wird sicher in einem recht abgegriffenen Zustand zurückkehren – wenn er zurückkehrt. Sei dem, wie es wolle, sollen sie doch lesen!

Mein Lieber, ich hoffe, daß bei Dir alles in Ordnung ist und daß Dein Herz Dir keinen Kummer macht. Ich würde es einfach als unschicklich empfinden, mich Dir mit all meiner Besorgtheit über Deine Gesundheit aufzudrängen, wenn es nicht diese riesige Entfernung gäbe, die uns trennt; sie zerstört jegliche Unschicklichkeit und läßt alle Unruhe und alle Aufregung unberührt. Ich bitte Dich sehr, mir ein paar Zeilen zu schreiben!

Deine Alja

12. September 1953

Mein lieber Freund Boris!

Ich habe Deinen Brief und die Gedichte bekommen und möchte gleich antworten, ohne auf die Mußezeit, die doch nicht kommt, und die richtigen Worte, die ebenfalls nicht kommen, zu warten. Du weißt, daß ich Dir gegenüber schrecklich eingenommen bin, nicht weil das irgendwie in meiner Natur liegt, sondern weil Du selbst es nicht anders ermöglichst – fängt man an, Dich zu lesen, dann ist man schon von Dir hingerissen, ist in Deiner Hand und versteht und fühlt alles so, wie Du es gesagt hast. Dabei, zum Teufel, weiß man nie, w i e das gesagt ist und w a r u m es so ist! Nie sieht man bei Dir das, was die Franzosen treffend »les ficelles du métier« nennen. Da sind keinerlei »Kunstgriffe«, all das ist einfach und ausladend wie Gottes Welt, aber mach das mal einer! Natürlich ist »in Deiner Hand« gar nicht das richtige Wort. Das ist eben das besondere, daß Du nie jemanden versklavst und daß immer »Deine Trauer licht ist«. Woher ist in Dir so viel Licht? Wo, mit was und mit wem füllst

Du in Dir die Lichtreserven? Talent? Das ist immer eine
Last, immer ein Kreuz, und die Mehrzahl der Schaffen-
den bürdet zumindest einen Teil davon den Lesern,
Hörern und Zuschauern auf, mit Dir aber hat man immer
ein leichtes Atmen, als ob Du die ganze Last des
Schaffens – ja, und einfach des Lebens – in ein »es werde
Licht« umwandeltest. Ich bin noch nicht so recht in
Deine Kommentare hinsichtlich des Biographischen,
Halbbiographischen oder Nichtbiographischen der Ge-
dichte eingedrungen – mein Gott, Du bist doch immer
D u, gleichgültig, für welches Jahr oder für welchen
Zeitraum man Deine Sachen aufschlägt und wie sehr Du
Dich auch verschließt oder nicht öffnest. (Wie ich das
geschrieben habe, mußte ich loslachen. Plötzlich fiel mir
eine Zeichnung im »Krokodil« ein, eine Sphinx mit der
Unterschrift: »Nichts steht unabänderbar in unsern Sternen – doch Pasternak wird sich von Pasternak niemals
entfernen!« Erinnerst Du Dich?) Du bleibst immer Du
selbst und bist immer neu und – verzeih mir um Gottes
Willen all dies Chiwa und Buchara dieses Vergleiches –
erinnerst mich an die Sonne: in ihrer ganzen Unveränderlichkeit, Unvermeidlichkeit, ihrem Licht und ihrer Unab-
hängigkeit gegenüber den kritischen Annäherungen der
Wolken.

Das vorherige Heft habe ich. Ich füge dieses dazu. Jetzt
höre ich auf, die Zeit unserer Gemeinsamkeit ist abgelaufen, bald schreibe ich wieder. Wir hatten einen strahlenden, heißen Sommer, er ist vorüber, aber um unsere
Hütte blühen noch die letzten Astern und die Kapuziner-
kresse, sie haben hier keine Angst vor Nachtfrösten.

Ich werde müde und alt, vertrockne wie eine Blume, die
in die Strafprozeßordnung zum Trocknen gelegt ist, und
das erste Anzeichen dessen, daß ich wirklich alt werde,

ist, daß mich das überhaupt nicht mehr aufregt. Hab
Dank, ich küsse Dich, ich bin stolz auf Dich. Laß es Dir
gut gehen.

Deine Alja

12. Oktober 1953

Mein lieber Boris!

Wir haben lange dunkle Nächte, kurze Tage und eine
ungewöhnliche Stille – alles ist in Erwartung des Winters
erstorben, und es gibt noch immer keinen Schnee. Der
Südwind verwirrt sogar dem Nordlicht den Verstand.
Der Herbst ist seltsam und beunruhigend wie der Frühling. Die Dampfer sind abgefahren, die Vögel fortgeflo-
gen, auf dem Jenissej aber ist kein Eisstückchen, auf der
Seele auch nicht. Wie schön ist es, wenn es einmal nicht
nach Plan geht, sogar nicht in der Natur! Ich habe
kürzlich, zum x-ten Male und zum x-ten Male wieder
»Anna Karenina« gelesen und zum x-ten Male über
Deine – für mich unklare und zugleich zweifellose –
Verwandtschaft mit Tolstoi nachgedacht. Ich habe vor
nicht allzulanger Zeit Deine Prosa gelesen, aber die
Einförmigkeit meines Lebens, das Tag für Tag im
Schmutz der Kleinigkeiten erstickt, hat mich schon vieles
vergessen lassen. Nicht eigentlich »vergessen«, aber den
Schlüssel dazu verlieren lassen. Verstehst Du? Übrigens,
warum mußtest Du sie mir wieder abverlangen? Ich lese
so gerne etwas erneut und, so seltsam das auch sein mag,
ich erfasse Gedichte beim ersten Mal besser als Prosa,
aber nun bin ich gerade bei Deinem Buch der Möglichkeit beraubt, mich bei immer neuem Lesen mehr hinein-
zuvertiefen. Ich wage es nicht, Dich zu bitten, Du mögest
mir wenigstens dasselbe wieder schicken, wie damals,

weiß, daß Du es nicht vergißt, wenn Du es für möglich
hältst. Ihr beide, Du und der Tolstoi, seid so unterschiedlich, daß es sogar töricht scheint, von Verwandtschaft und
Ähnlichkeit zu sprechen, und es ärgert mich, daß ich jetzt
blind herumtappe und nicht einmal ertasten kann, worum es hier geht. Ach, mein Gott, das Schlimme daran ist
ja, daß ich mich in diesem blinden Zustand fast ständig
befinde. Die ganze Zeit »tropft's am Barte her, doch der
Mund bleibt leer«. Tun kann man ohnehin nichts, aber
es kann nicht einmal die Rede davon sein, sich wenigstens
an etwas heranzudenken. Dieses Leben, das in kleine
Stückchen zerhackt, das einen durch seine alltäglichen,
unerläßlichen und niemandem notwendigen Kleinigkeiten zermahlt, verwandelt mich allmählich und unerbittlich in einen klinischen Idioten. Selbst Du bemerkst das,
ungeachtet aller meiner Bemühungen, klug zu wirken,
und Du schreibst mir immer seltener.

Kürzlich sah ich in einer Nummer des »Ogonjok«, die
Tolstoi gewidmet war, eine Pastellzeichnung Deines
Vaters. Da drangen mit einem Schlage so viele Gedanken
auf mich ein, daß ich die Arbeit liegen und die Hände
sinken ließ – die ganze wunderbare Welt der lichten
Farben und weichen Linien aus dem blauen Album der
Arbeiten von L. O. erhob sich vor mir, dort in der
Bibliothek der Rjasaner Schule. Was hatte er doch für
eine Fähigkeit, Kraft und Eigenständigkeit mit Hilfe von
gepreßter Kohle und Pastellfarbe wiederzugeben, wie
brach und wandelte er doch die Pastelltechnik, die bis
dahin Besitz der Sentimentalitäten und Süßlichkeiten des
franzöischen 18. und ein wenig auch 19. Jahrhunderts
gewesen war – was war er doch für ein Künstler! Ich liebe
so sehr seine Illustrationen zu »Auferstehung«, Dein
wunderbares Porträt und alles über Tolstoi, alle Zeich-

nungen, auch seinen Schaljapin. Dann erinnerte ich mich auch noch an den weißen Plüschbären, den er und Deine Mutter dem kleinen Mur geschenkt haben. Mur nannte ihn »Mums«, schlief mit ihm, ging mit ihm spazieren und küßte ihm sein Schnäuzchen, bis es glänzte. Dann habe ich noch über die große gemeinsame und durch ihre Arbeit getragene Verantwortung der Menschen großer Begabung und reiner Seele nachgedacht, die die Zeit und ihre Günstlinge besiegt, über die große unauslöschliche, alles besiegende Kraft der Wahrheit und der Menschlichkeit. Vielleicht liegt gerade darin Deine Verwandtschaft mit Tolstoi? Ich hatte gar nicht die Absicht, Dir darüber zu schreiben, Du selbst hast gesagt, daß man nur über das schreiben solle, was einem ganz klar sei. Ich wollte Dir sehr für das danken, was Du mir geschickt hast, und mich dafür entschuldigen, daß ich nicht sofort geschrieben habe. Aber da kann man nun einmal nichts machen, wenn es mich immer drängt, etwas Ungereimtes zu schreiben – und insbesondere Dir!

Ich küsse Dich innig.

Deine Alja

12. Januar 1954

Boris, mein Lieber!

Zum neuen Jahr sende ich Dir meine Glückwünsche verspätet, wünsche Dir Gesundheit, Inspiration und recht viele Möglichkeiten, sie zu verwirklichen. Ich habe gerade einen Brief von Lilja bekommen – sie schreibt, daß Dein »Faust« erschienen ist, aber daß man ihn in Moskau nicht bekommen kann. Er (d. h. Du) habe ihn ihr nicht geschenkt, und sie bittet, ich möge ihn, falls ich ihn in Turuchansk bekommen könne, ihr schicken. Ich glaube, das ist ein allzu langer Weg, ganz abgesehen davon, daß man ihn hier natürlich nicht bekommt. Kurzum, beschaff Du ihn und schenke Du ihr den Faust und tu dies bald; sie ist einer der treuesten und wertvollsten Deiner Freunde, ich brauche das ja nicht zu erwähnen!

Für mich selbst bitte ich nicht darum, Du wirst ihn mir von Dir aus schicken, wenn Du dazu Zeit findest.

Ich arbeite schrecklich viel, bin müde wie ein Hund – im wahrsten Sinne des Wortes, denn mit Hunden transportiert man hier Wasser und Holz. Allein damit erklärt sich auch mein langes Schweigen gegenüber Dir, dem nicht Antwortenden, wofür ich Dir natürlich keinerlei Vorwurf mache.

Aber ich denke immer an Dich, und Du bist in gleicher Weise wie zwei, drei andere mir liebe Menschen in der Ferne dennoch immer mit mir, und eben das läßt mich meine reale Umgebung ertragen.

Der Winter ist bei uns in vollem Gange – es ist mein fünfter hier. Und jeder läßt sich schwerer ertragen – nicht weil sie immer grimmiger würden, die Kräfte lassen einfach nach. Vor allem aber vergeudet man sie sinn- und nutzlos. Als ich mehr davon hatte, merkte ich nicht, daß ich sie vergeude, jetzt aber merke ich es.

Im übrigen geht alles gut. Besonders hat mich gefreut, daß man Berija entlarvt und daß man im Kreml einen Tannenbaum geschmückt hat. Mir träumte sogar, daß ich bei diesen beiden Festen dabei war.

Ich küsse und liebe Dich. Vor allem – bleib gesund!

Deine Alja

20. April 1954

Mein lieber Freund Boris!

Verzeih, daß ich so ein mieses Stück bin und Dir bis jetzt noch nicht für den »Faust« gedankt habe. Dank sagen ist wenig, ich möchte viel schreiben, und eben deshalb schreibe ich gar nicht. Ich habe wieder eine Million täglicher Plackereien, wieder einmal werde ich »eingespart« (das ist bereits das dritte Mal), aber noch arbeite ich – und sehr viel – auf ungewisser Rechtsgrundlage. Mir hängt das alles zum Halse heraus, ich bin müde und abgestumpft, auch deshalb schreibe ich Dir nicht. Ich werde schreiben, wenn ich ein bißchen zu mir gekommen bin, jetzt aber ist meine Lage einfach sehr mühselig und undurchsichtig.

Der »Faust« hat mich einfach umgeworfen. Eine gigantische Arbeit, ungewöhnlich gekonnt, und Du verstehst, einerseits tut es mir schrecklich leid, daß Du so viel Mühe, Zeit und Eigenes in den Goethe gelegt hast, es wäre besser gewesen, dies in Deine Dinge zu stecken, andererseits – wie gut, daß gerade Du das getan hast. Was bist Du für ein toller Kerl – begabt und leistungsfähig, diese Verbindung gibt es doch in Rußland einmal in einem Jahrhundert, und nicht einmal in jedem. Ich beneide Dich im guten Sinne, daß Du so bist, ich könnte es nicht nur nicht sein – ich kann es auch nicht! Nur lesen kann ich. Doch in Turuchansk ist auch dies eine Seltenheit! Übrigens gibt es hier vier Menschen, die Dich sehr lieben und alles von Dir lesen, was sich beschaffen läßt, die jammern, daß es nur Übersetzungen sind. Jetzt geht der »Faust« von Hand zu Hand. Mir sind Deine Bücher so sehr viel wert, und vielleicht gebe ich sie gerade deshalb gern anderen zum Lesen. Wird bald etwas von Dir gedruckt werden? Ich glaube, es wird bald sein. Das Wunderbarste ist, daß man Dich auch so liebt. Als Du krank warst und lange nichts schriebst, da erkundigte ich mich nach Dir bei Bekannten, die Dich von Büchern und dem Hörensagen kennen (da wir fast keine gemeinsamen Bekannten haben), und alle antworteten mir mit Worten der Liebe und Aufmerksamkeit Dir gegenüber – riefen im Krankenhaus an, erkundigten sich nach Dir – ach, was soll ich da viel reden, Du weißt es selbst, wenn aber nicht, dann fühlst Du es.

Ich werde Dir mehr oder weniger menschlich Anfang Mai schreiben (wie jenes Gewitter), vorläufig aber nochmals Dank für den Goethe und für Dich.

Ich küsse Dich.

Deine Alja

Das Buch ist wunderbar hergestellt, auch das ist eine Freude!

3. Juni 1954

Mein lieber Freund Boris!

Verzeih, daß ich Dir so lange nicht geschrieben habe. Als ich Deinen Brief bekam, hat er mich irgendwie gleich sehr aufgebracht, und ich wollte eine freie Stunde wählen, um Dir in Liebe den Kopf zu waschen. Ich werde das bei Gelegenheit bestimmt tun, wenn und falls ich überhaupt einmal zu mir komme. Es geht darum, daß ich von S. D.s Tod hörte.[49] Von seiner Krankheit erfuhr ich etwas im letzten Jahr, aber ich hoffte auf seine Genesung. Jetzt hat sich die Hoffnung zerschlagen. Weißt Du, mein Lieber, es fällt mir schon seit langem so schwer, ich konnte mich nie an solche Verluste gewöhnen, kann es nicht und werde es nicht können, jedes Mal hackt man gleichsam ein Stück von mir ab, da werden keine Prothesen helfen. Ich lebe wie eine Gevierteilte, jetzt braucht man mir nur noch den Kopf abzuschlagen, dann ist Schluß!

Übrigens komme ich anscheinend seit langem schon ohne ihn aus.

Da fällt mir ein, seine Frau hat bereits geheiratet. Sie kann offenbar ohne Prothese nicht sein, oder vielleicht ist sie selbst eine Prothese?

Alles übrige ist unverändert. Auf dem Jenissej ist Eisgang, die Gänse und irgendwelche kleinen Vögel, so ähnlich wie Gimpel, kommen herbei. Diese Winzlinge fliegen niedrig über das Wasser, und ihr Spiegelbild sieht wie ein Fischschwarm aus. Sofort stelle ich mir die Welt auf dem Kopf stehend vor – den Jenissej, der sich im Himmel spiegelt, und die Fische, die sich als Vögel spiegeln.

Offenbar werde ich kindisch.

Der Frühling ist grau, trübe, sehr kalt. Man sagt voraus, daß der Sommer auch so wird. Wahrlich, warum mußte Jermak Sibirien entdecken?

Man hat mir gesagt, daß in Heft 4 der »Snamja« etwas von Dir gedruckt ist, aber das Heft läßt sich in der Bibliothek nicht beschaffen, ständig ist die Zeitschrift ausgeliehen. Ich versuchte, Ehrenburgs »Sturm« zu lesen, war aber dazu einfach nicht in der Lage. Eine übersetzte Sprache, kein Russisch. Eine übersetzte Abgeschmacktheit (»Desiré, der Alte, erkannte nur zwei Dinge an – die kommunistische Partei und guten Wein« – »Meine Frau auf Wintersport« usw.). Eine Masse vereinzelter Episoden – wie ein Stummfilm mit lauten Kommentaren. Mit Vergnügen habe ich von Aldridge »The Diplomat« gelesen. Kennst Du das? Meiner Ansicht nach ist es gut.

Mein Lieber, ich küsse Dich und liebe Dich. Schreibe mir ein paar Zeilen.   Deine Alja

Mir ist noch nicht einmal wehmütig zumute, ich weiß selbst nicht, womit ich übersättigt bin und was sich in mir herauskristallisiert. Wahrscheinlich verwandle ich mich einfach in eine Salzsäule auf halbem Wege zwischen Sodom und Gomorrha und Jerusalem. Schreib der Salzsäule, sie ist doch trotzdem ein guter Mensch!

22. Juli 1954

Lieber Freund Boris!

Herzlichen Dank für das, was Du mir schicktest, und für den Brief. Ich weiß, wie schwer Dir beides gefallen ist, das eine wie das andere – besonders bei solcher Hitze. Ja, und überhaupt. Ich konnte Dir nicht früher schreiben, weil man mich in den Nachbarkolchos zum Einsatz beim Silieren des Grünfutters »fortgetrieben« hat und ich von dort kaum noch am Leben vor Müdigkeit und neuen Eindrücken zurückgekehrt bin.

Das da ist wahrhaft das Ende der Welt und zwar fast ihr alleräußerstes. Die Hütten sind eingefallen, umgefallen, zerfallen, stehen aber immer noch irgendwie, und in ihnen lebt man immer noch – das Schrecklichste aber ist, daß an ihnen lauter vorrevolutionäre Fensterverkleidungen, Läden, Windhähne und sonstige Verzierungen erhalten blieben. Überall sind Spuren von irgend etwas wie nach einem Erdbeben – da war mal eine Kirche, aber man hat sie abgetragen, da war mal eine Bäckerei, aber sie ist abgebrannt, usw.

Eben dort befand sich bis zur Revolution Turuchansk – die Verbannungsstätte, hier aber, wo wir zur Zeit leben, war der Flecken Monastyrskoje. Das Dorf liegt nicht am Jenissej, sondern am Turuchan, einem kleinen Nebenfluß, und die Bewohner beklagen sich über ihr langweiliges Leben, sie bekämen nicht einmal Dampfer zu sehen. In diesem Jahr hat der Kolchos zum ersten Mal eine Kinderkrippe eingerichtet, sie befindet sich in demselben Gebäude, wo auch das Kolchosbüro, die »Rote Ecke« und die »Absteige« sind. Die Leiterin der Kinderkrippe backt auf einem eisernen Ofen Fladen, auf einem Podest sitzen wie Ölgötzen zwei als Kindergärtnerinnen eingesetzte Mädchen in roten Kleidern und halten jede ein Baby auf ihren Knien. Die Babys sind Kalmücken, sie haben auch rote Kleidchen an und wirken auch wie Ölgötzen. Die übrigen Kinder (ausnahmslos alle ohne Hosen) kriechen eifrig hingerissen über den dreckigen Fußboden und nehmen sich wechselseitig die Fladen und das einzige Spielzeug – einen zerbrochenen Hobel – weg. In einer Ecke spielt jemand auf der Ziehharmonika, in einer anderen zetert eine füllige rothaarige Deutsche mit dem Kolchosbuchhalter, einem schüchternen Georgier, der im letzten Jahr seine ganze Hoffnung darauf setzte, daß er in seiner Jugend mit Lawrenti[50] befreundet war, in diesem Jahr aber nicht weiß, woran er sich halten soll. Übrigens, alle diese Einzelheiten kann man nur durch ein Mückennetz sehen, weil Himmel, Erde, Hütten, Kinderkrippe, Kinder, Fladen, der Buchhalter und seine Träume und überhaupt alles auf der Welt hinter Wolken von Mücken verborgen sind. Ja, Genossen . . .

Nach langem Mühen und Warten habe ich es endlich geschafft, das Heft der »Snamja« mit Deinen Gedichten zu bekommen, habe mich sehr darüber und für Dich gefreut. Mein lieber Freund, wenn Du wüßtest, wie mein Herz vor lauter Schmerzen um Dein Schicksal ausgelaugt ist und wie stolz ich auf Dein Schicksal bin! Wie eine Mutter bete ich ständig »das Kelch-Gebet« und bin

zugleich – verstehe und begreife mich! – stolz und froh
darüber, daß der Kelch, der den Größten und Würdig-
sten bestimmt ist, nicht an Dir vorüberging. Du weißt das
selbst, und ist denn schließlich das Unglück so groß, mit
den Nachkommen zu sprechen und dabei über seine
Zeitgenossen hinwegzuschreiten? Und liegt denn darin
ein großes Unglück, daß, während sich die Geschichte in
Spiralen bewegt, die Besten auf der Geraden schreiten?
  Bei mir geht alles wie gehabt. Müde bin ich bis zum
Geht-nicht-mehr. Es heißt, es gäbe irgendeinen Beschluß
vom 31. Mai über die Aufhebung der Verbannung für uns
alle, aber Geduld: jedes Glück ist gut zu seiner Zeit. Ich
habe Angst, meine Kräfte könnten nicht reichen, alles
von vorne anzufangen: irgendwohin zu fahren, irgendwo
Arbeit in einem Alter zu suchen, in dem normale
Menschen bereits eine Wohnung, eine Datscha, Personal
und, wenn schon nicht mehr Kinder, so doch wenigstens
Enkel haben. Ich aber, ich Arme, »fange nur immerzu an
zu leben« und werde wie Ahasver von einem Ende zum
anderen getrieben.
  Ich küsse Dich, mein Lieber. Schreibe mir, wenn es Dir
nicht schwerfällt.

Deine Alja

20. August 1954
Mein lieber Freund Boris!
Als allererstes auf diesem grünen Papier teile ich Dir mit,
daß wir die offizielle Mitteilung erhalten haben, daß der
Makel von uns genommen ist und wir im Laufe des
Septembers Pässe erhalten werden (solche, wie wir sie vor
der Reise hatten, d. h. Drei-Minus-Pässe, aber immerhin
sei auch dafür Dank). Wir beide (also Ada, mit der ich

zusammen aus Rjasan gekommen bin und in diesen Jahren zusammen lebte, und ich) haben uns das lange überlegt und für diesen Winter beschlossen, bis zur nächsten Wiederaufnahme des Schiffsverkehrs hier zu überwintern. Es gibt für uns praktisch keine Stätte außer Moskau, wohin wir reisen können, wir haben nirgendwo jemanden, und irgendwohin aufs Geratewohl zu fahren, scheint uns einfach undenkbar. Vielleicht gibt Gott, daß wir im Laufe des Winters die Rehabilitierung bekommen, dann wird alles wesentlich einfacher, wenn aber nicht, dann werden wir versuchen, Arbeitsmöglichkeiten für Ada und für mich zu erkunden (sie ist Hochschullehrerin – Englisch), ich – ich weiß es nicht. Im Laufe des Winters wollen wir uns bemühen, Geld für die Reise zu sparen. Die Hoffnung, unser Häuschen zu verkaufen, ist gering, es reisen sehr viele fort, wollen alles verkaufen, es gibt aber keine Käufer. Was meinst Du? Stimmst Du einem solchen Entschluß zu? Wenn die Flugpreise nicht so wahnsinnig hoch wären, würde ich bestimmt im Winter nach Moskau auf Urlaub fliegen – das ist erlaubt, aber eine solche partie de plaisir kostet nicht unter zweitausend, die ich, wenn ich unbedingt wollte, irgendwie zusammenbekäme, aber wie soll ich dann im Sommer von hier wegkommen? Wie gern möchte ich so bald wie möglich Euch alle wiedersehen, da kommt es mir nach all diesen Jahren auf jeden Tag an.

Die zweite Neuigkeit: man hat bei mir Tbc festgestellt, Gott sei Dank keine offene. Nun erst habe ich begriffen, warum ich mich im letzten Jahr so schlecht gefühlt habe, immer schwach und müde war. Ich war zur Ernte gefahren, habe mich offenbar überanstrengt, und da kam es gleich zu dem Ausbruch, lange habe ich mit hoher Temperatur gelegen, jetzt ist sie gesunken, aber noch nicht normal. Den zweiten Monat gehe ich nicht zur Arbeit. Hier im Norden gibt es alle möglichen, an anderen Stellen schwer aufzutreibenden Medizinen und Präparate, ich schlucke lauter bitteres Zeug, an das ich nicht glaube (im alten Sinne glaube ich an Haferflocken, Butter, Öl und »wie es Gott gefällt«), und täglich zweimal Streptomyzin. Ich bin mit König Salomon davon überzeugt, daß »auch das vergeht«, denn von allen meinen Eigenschaften sind die auffälligsten eine kamelhafte Ausdauer und menschliche Geduld. (Über die sonstigen Eigenschaften pflegte Mama zu sagen: »Weise wie ein Schaf und demütig wie eine Schlange.«)

Voller Schrecken denke ich an diese fünf vergangenen Jahre, in denen ich nichts anderes gemacht habe, als »um meine Existenz zu kämpfen« – es wäre noch gut, wenn ich um mein Leben gekämpft hätte, aber es ging nur um die Existenz, das Dahinvegetieren. Woher soll ich die Kräfte für die weitere Gestaltung und Umgestaltung nehmen? Ich habe sie einfach nicht, das Durchlebte (von mir und von anderen) läßt sich nicht erzählen. Mein Lieber, ich schaue auf das Regal, wo in diesen Jahren sich s o v i e l e von Deinen Büchern angesammelt haben (dabei rechne ich den Roman nicht mit), und ich sage mir, was bist Du doch für ein großartiger Mann, einfach toll. Ich weiß doch, was alle diese Jahre für Dich bedeutet haben. Und all das, malgré tout et quand-même! Was soll ich darüber sprechen! Mir scheint, wir verstehen einander so gut, daß wir mit Gedanken ohne Worte auskommen können. Indessen, zum Teufel, ich möchte trotzdem sehr gern mit Dir sprechen. (Ich möchte es. Dich muß man überreden, daß Du mit einem sprichst. Du bist beschäftigt!).

Ich küsse Dich innig und liebe Dich.

Deine Alja.

29. August 1954

Mein lieber Freund Boris!

Heute habe ich von Mamas Freundin, die mit ihr in Jelabuga war (Du hattest mir einmal den Rat gegeben, mich an sie zu wenden, um etwas über Mama zu erfahren), anderthalb Tausend bekommen, also gerade so viel, wie der Flug Turuchansk – Krasnojarsk und zurück kostet, für die Bahnfahrkarte werde ich das Geld auftreiben (ich habe einen großen Teil des von Dir überwiesenen Geldes auf einem Sparbuch), so daß sich ein Wunder bereits ereignet hat, und ich, wenn alles gut geht, für ein paar Tage nach Moskau auf Urlaub kommen kann. Am ehesten im November. Dann nehme ich Dir, dem Roman, den Übersetzungen, der Familie (der Deinen) und allem übrigen auf der Welt zwei Stunden weg, die ich mir nicht nur verdient, sondern auch erlitten habe. Ich werde schon allein deshalb fliegen und kommen, um Lilja und Dich zu sehen, die einzige Familie meiner Seele, und deshalb vertreibe gleich von Deinem Gesicht den unzufriedenen Ausdruck. Ich weiß, Du kannst Überfälle nicht ertragen, besonders in letzter Zeit, aber trotz alledem werde ich wie Attila Dich überfallen. Ich warne Dich im voraus, damit Du Dich an diesen Gedanken gewöhnst. Vielleicht nur eine Stunde, vielleicht eine halbe Stunde, um Dich nicht zu ermüden.

Also, im Frühjahr des kommenden Jahres werde ich mich hier wieder entwurzeln und mich in ein anderes Stück Erde – ich weiß noch nicht, in welches, verpflanzen. Mein Gott, was bin ich in diesen Jahren für eine Mitschurinsche[51] und frostunempfindliche Pflanze geworden, wie habe ich mich an Sand- und Steinboden gewöhnt; – werde ich in normalem Klima anwachsen, und was wird sich aus all dem ergeben? Blüten? Beeren?

Oder ist das alles schon vorbei? Übrigens, bei dem Arbeitseinsatz, bei dem ich eigentlich krank geworden bin, hat einer der Leute, als er den Staatsanwalt sah, wie er mit einem Blumenstrauß von der Wiese, die gemäht werden sollte, zurückkehrte, ausgerufen: »Die Blüten sind schon da, die Beeren werden folgen!« Das ist das Motto der Freundschaft mit dem Staatsanwalt.

Noch arbeite ich nicht, man behandelt mich bis zum Wahnsinnigwerden, das einzig spürbare Ergebnis all dieser Präparate sind neben den Kosten blaue Flecke an all den Stellen, wohin man mich spritzt. Ich ertrage das alles aus Achtung vor dem mich behandelnden Tuberkulosearzt (früher war er Hygieneinspektor), habe aber nicht die geringste Sicherheit, daß man mich erfolgreich und in der rechten Weise behandelt.

Wieder habe ich einen Haufen dummes Zeug geschrieben. Verzeih.

Ich küsse und liebe Dich, und was habe ich für eine Sehnsucht nach Dir! Hauptsache, bleibe gesund, das übrige wird sich schon ergeben.

Deine Alja

24. September 1954

Mein lieber Freund Boris!

Verzeih, daß ich Dir nicht sofort geantwortet habe, meine Krankschreibung war abgelaufen, und ich mußte gerade in dem Augenblick wieder zur Arbeit gehen, als alle übrigen Mitarbeiter in den Kolchos zur Kartoffelernte »mobilisiert« worden waren und ich allein und auf einmal die Arbeit von allen anderen verkraften mußte, also zweimal in der Woche den Fußboden aufwischen (für die Putzfrauen), täglich die Öfen heizen (für den Heizer), an der Tür anstelle des Kontrollposten stehen, Geld bei der Bank in Empfang nehmen und abliefern und . . . für die ideologische Sauberkeit und die Qualität der durchgeführten Maßnahmen garantieren. Es war sehr fröhlich, sowohl für das Publikum als auch für mich! Schließlich kehrten alle zurück und schmarotzten wieder gemeinsam wie eh und je, und ich begab mich in mein altes Gleis zurück.

Ich bin Dir schrecklich dankbar für Deine Einladung, das wird wirklich wunderbar, ich hoffe, daß in der kurzen mir genehmigten Frist einfach zu wenig Zeit ist, um Dir auf die Nerven zu fallen. Ich beginne, mich an den wunderbaren Gedanken zu gewöhnen, daß das, was ich noch vor kurzem nicht zu träumen wagte, ganz einfach Wirklichkeit werden wird. Ich habe noch eine Freude, die zwar noch nicht ganz greifbar ist, aber doch fast. Ich hatte von Assja einen sehr besorgten Brief bekommen, daß sie nirgendwohin fahren könne, und daß jemand, der sie eingeladen hatte, die Einladung wieder aufgehoben hatte, und daß sie keine dauernden, und sei es noch so geringfügigen, Mittel zur Existenz habe und die Kommandantur, da die Verbannung aufgehoben sei, ihr die Invalidenrente gestrichen habe usw. Ich begab mich hier zum Sozialversicherungsamt und erkundigte mich wegen einer Rente. Es stellte sich heraus, daß jemand in ihrem Alter, wenn er keine zwanzig Jahre in einem Arbeitsverhältnis gestanden hat (die zwanzig Jahre hat sie natürlich, aber sie besitzt darüber bestimmt keine Nachweise), auf dem Dorfe mit einer Rente in Höhe von . . . 18 Rubeln[52] im Monat rechnen kann! Ich überlegte hin und her, was ich tun solle, sah in der »Literaturnaja gaseta«, wie Ehrenburg irgendeinen ausländischen Demokraten küßt, und schrieb ihm über Assjas Situation, ob es nicht irgendwie möglich sei, eine regelmäßige, und sei es auch eine geringe Unterstützung über irgendso einen Literaturfonds zu organisieren? Ich rechnete nicht so sehr mit seiner Antwort – er ist im Laufe der Jahre allzu bedeutend geworden – und war daher um so mehr gerührt und erfreut, als er sofort und herzlich reagierte. Er hat wegen Assja mit Leonow, dem Vorsitzenden der Litfondleitung, gesprochen, und dieser hat versprochen, die Frage einer Unterstützung dem Vorstand vorzutragen, und er hofft, daß die Angelegenheit bald und in rechter Weise geregelt wird. Ich hoffe das auch. Das wäre wunderbar, und Assja würde sich besser, kräftiger und sicherer fühlen, wenn sie weiß, daß sie jeden Monat über ein bestimmtes Minimum verfügen kann, der Rest findet sich immer. Das Schrecklichste ist, wenn zu allem Durchlebten und zu Durchlebenden noch Not hinzukommt, die Angst um das morgige Stück Brot, und all das in ihrem Alter, bei ihrem Gesundheitszustand und ihrer Einsamkeit.

Vom heutigen Tag an und bis zum 7. November habe ich wahnsinnig viel zu tun, danach aber, gebe Gott, geht es sofort nach Moskau! Daß es das gibt! Alle fallen fürchterlich über mich her (außer Dir und Lilja) wegen dieser absurden Idee: Ich! In Urlaub! Fahren! Ich! Verschwende! So viel Geld! Ich soll lieber sparen! Ich soll lieber ganz im Stillen, bescheiden, billig und vor allem »irgendwohin« fahren! Alle raten mir »irgendwohin« zu fahren, mich »irgendwo« einzurichten und vor allem sofort Ada zu verlassen, mit der ich hier das sechste Jahr verbringe. Sie sei gut gewesen, solange sie mir unter schwierigen Bedingungen geholfen habe, jetzt lebe doch jeder für sich, mir würde man schon irgendwie helfen, und sie solle handeln, wie es ihr recht schiene. Mein Gott, versteht denn keiner, daß ich mir einen solchen Urlaub so erarbeitet, so erdient habe, daß das gute Geld, das mir gegeben worden ist, wenigstens einmal im Leben nicht für das tägliche Brot, sondern einfach zur Freude dienen soll?

Außerdem habe ich so ein Vorgefühl, ich werde bald selbst in rechter Weise Geld verdienen. Freilich, ich kann mir überhaupt nicht vorstellen, wie und womit, aber daß es bestimmt so sein wird. Ach, hätte ich doch die Rehabilitierung!

Hab Dank, mein Lieber. Werde ich Dich wirklich bald sehen? Ich werde Dich nicht stören, ich bin sehr still.

Ich küsse Dich.

Deine Alja

Turuchansk, 10. Januar 1955

Lieber Boris!

Wie Du siehst, habe ich mich ausführlich mit Dir in Gedanken unterhalten, ehe ich mich an diesen Brief gemacht habe. Turuchansk hat mich wieder in seine Bärenarme geschlungen, läßt mir wie eh und je neben der Arbeit keine Zeit. In meiner Abwesenheit hat sich so viel angehäuft, daß ich, die ich mich während des Urlaubs etwas an das Nichtstun gewöhnt habe, mich beim besten Willen nicht überwinden kann, richtig ins alte Gleis hineinzukommen. Nachdem ich auf großen Straßen war, mit Bahn und Flugzeug gereist bin, kann ich mich einfach nicht an die Turuchansker Schmalspur gewöhnen, stolpere auf den Wegen, versacke im Schnee, arbeite aufs Geratewohl und denke an anderes. Meine Gedanken aber führen, wie alle Weibergedanken, aus dem Nichts ins Nichts, was auch mein Hauptunglück ist. Auf diese Weise mache ich mein ganzes Leben lang lauter tumbe

Dinge, die ich erst hinterher überdenke, und erst post factum untermauere ich sie mit den Fundamenten der Rechtfertigung.

Mein lieber Freund, ich bin unendlich glücklich, daß ich in Moskau war und Dir wieder begegnet bin. Wir sehen uns sehr selten, zwischen unseren Begegnungen sind solche Ereignisse und Zeitläufte, daß die Geschichte sie mit Mühe unterbringt. Wir aber, w i r bringen so viel unter, wie man uns nahm und wie man uns gab! Von Deinen letzten mir bekannten Gedichten ist mir wohl das liebste der »Hamlet«, wo Du sagst, der Gang durch das Leben ist kein Weg über ein Feld. Von unseren Begegnungen ist mir jede die liebste. Auch damals, als Du Dich so pathetisch im Hotel Deinem Jammer hingabst (mir ist jetzt noch dieses Zimmer vor Augen – links das Fenster, neben dem Fenster ein achtschläfriges Bett, rechts der unvermeidliche Marmorkamin, darauf ein Packen unaufgeschnittener Bücher des NRF Verlages, ganz oben Apfelsinen. Auf dem Bett (diagonal) Du, in einer Ecke klappere ich mit den Augendeckeln, in der andern ein runder kupferner Lachuti. Ihm ist heiß, und er ist barfuß). Auch damals, als wir beide auf dem kleinen Platz gegenüber dem Pressehaus⁵³ bald nach der Abreise von Ws. Em. saßen. Um uns war Herbst, waren Kinder, war es lieb und friedlich, trotzdem war das der Garten Gethsemane und das Kelch-Gebet. Einige Tage später mußte ich davon kosten. Dann, als ich zu Dir aus Rjasan kam und Dein Zimmer mir mit der ganzen Welt entgegenkam, in die zurückzukehren ich nicht zu hoffen gewagt hatte – die Bilder Deines Vaters, Moskau hinter dem Vorhang, dann stand da noch auf dem Tisch eine ungewöhnlich schöne blaue kleine Tasse (einfach eine Tasse, kein Kelch aus jenem Garten!), die mich schlagartig in meine Kindheit versetzte – wenn es in meiner Kindheit eine Farbe gegeben hat, dann war es diese blaue, porzellanene!

Erinnerst Du Dich an Mamas Gedichtszyklus über den »Schüler«? Siehst Du, jedesmal, wenn ich Dir begegne, dann fühle ich mich als Dein Schüler, als echter, irgendwie biblischer Schüler, der durch die Zeiten, Räume, Kriege, Wüsten und Versuchungen erneut zu seinem Lehrer gelangt ist, wie zu seiner Quelle. Bald muß er wieder aufbrechen und ringsum ist Stille. Die Zeit hat sich verborgen, bereitet sich zum Sprung. Da haben wir nun wieder einander gegenüber gestanden, und wieder habe ich Dich gehört und Dir in Deine unwandelbar goldenen Augen geschaut. Es hätten wohl die Kräfte nicht ausgereicht, fortwährend aus dem unermeßlichen Kelch zu schlucken und zu schlucken, wenn es nicht Dich als Quelle gäbe – des Guten, des Lichtes, des Talents, Dich als Erscheinung, Dich als Lehrer, einfach Dich.

Alles übrige war auch sehr schön, auch Deine Datscha, von der S. N. sagt, sie sei viel schöner als Jasnaja Poljana, auch die stillen Kiefern rings um die Datscha und vor allem die zarte Eberesche, übersät mit Beeren und Dompfaffen. Alles war sehr schön, und ich bin schrecklich froh, daß ich bei Euch war.

An Liwanow erinnere ich mich mit Vergnügen. Er erzählte mir in so wunderbarem, deutlichem Bühnengeflüster so schreckliche Dinge über irgendwelche Akademiemitglieder, dort an diesem Edeltisch, daß er auf mich wie Tom Sawyer dem Inhalt nach und wie Peter der Große den Ausmaßen nach (in der Sonntagsschule und beim Empfang) wirkte. Übrigens, gefallen hat mir das alles nur insofern, als er über Akademiemitglieder herfiel und nicht beispielsweise über mich. Dann hätte es mir natürlich nicht gefallen.

Bei uns herrschen schon die zweite Woche ununterbrochene Schneestürme, man kann anziehen, was man will, es pustet einen dennoch durch und durch. Das Wasserholen ist eine Qual, der Weg ist verschüttet, lauter Schneewehen. Wir versuchen, weniger zu trinken und waschen uns mit Schnee (natürlich mit geschmolzenem). Doch trotzdem – alles ist gut.

Schreib mir ein paar Zeilen, sage, wie es Dir geht und wie Du arbeiten kannst. Ich habe es mir nicht anmerken lassen, wie sehr es mich verwundet hat, daß Du mir nichts vorgelesen hast und mich nichts Neues lesen ließest. Natürlich bin ich selbst schuld. Doch ich wollte Dich nicht sehr darum bitten, damit Du das nicht als die »Stimme des gemeinen Volkes« (nach Golzew) auffaßt.

Hab Dank für alles.

Ich küsse Dich.

Deine Alja

Grüße Sinaida Nikolajewna herzlich von mir.

24. März 1955

Mein lieber Boris, danke! Froh, froh war ich, Deine fliegende Handschrift zu sehen, Deine lieben Worte zu lesen. Sehr hat mich Dein Schweigen beunruhigt. Solche Entfernungen rufen immer beklemmende Sehnsucht und Unruhe hervor. Und – was das Geld anbetrifft – es freut immer, weil es Geld ist, und es macht immer traurig, weil es an Deine Geldarbeit erinnert, die Du Dir aus der eigentlichen Zeit herausreißt, an all die von Dir unterstützten Personen, an all das, woran man nicht denken mag.

Überhaupt danke ich Dir für alles!

Ich lebe in einem törichten Galopp, arbeite wie aufgezogen und genauso sinnlos. Ich habe keine Zeit, meine Gedanken zu sammeln, wobei ich Angst habe, daß, wenn ich diese Zeit fände, darin dennoch keine Gedanken aufkämen. Es fehlt mir immer genau die Hälfte an irgendeinem Ganzen. Hinsichtlich der Zukunft habe ich nichts beschlossen, ich warte auf die endgültige Antwort von der Staatsanwaltschaft. Wie lange ich noch warten muß, ist unbekannt. Vor allem aber ist nicht bekannt, wie die Antwort aussehen wird. Ich kann mit diesen beiden Unbekannten keine Gleichung aufmachen. So lebe ich wie eine Maschine. Alles ist mir mehr oder weniger zuwider, außer der Natur. Die Tage werden länger, steigen wie das Wasser bei der Schneeschmelze. In den Skispuren, Kufenspuren und Schluchten liegen blaue Frühlingsschatten, von den Dächern hängen die Kristallnasen der Eiszapfen herab, und die Sonne, die von Tag zu Tag mehr Kraft sammelt, hebt sich ohne merkliche Mühe immer höher und höher. Wie schön ist das alles, wie unberührt, weiß und weit! Der Himmel, am Morgen noch weiß, wird gegen Mittag blau und wandelt sich gegen Abend in ein unerträgliches Ultramarin, und dann setzt schlagartig die Nacht ein. Auch die Schwermut hat hier ihren eigenen besonderen Charakter, sie gleicht der Moskauer so wenig wie der Rjasaner oder überhaupt irgendeiner im mittleren Streifen Rußlands! Hier kommt die Schwermut aus der Taiga gekrochen, sie heult mit dem Wind über den Jenissej, sie bricht in undurchsichtige Herbstregen aus, sie blickt aus den Augen der Zughunde, der weißen Rentiere, aus den glubschigen braunen altgriechischen Augen der mageren Kühe. Oh weh, was ist das hier für eine Schwermut! Hier dröhnt die Schwermut mit allen Dampfersirenen, Flugzeugen, sie kommt mit dem Anflug und Abflug der Gänse und Schwäne. Und sie singt nicht wie in Rußland. Hier ist das Volk ohne künstlerisches Schaffen, ohne Märchen und ohne Lieder, ist stumm, hoffnungslos, verzweifelt.

Doch lassen wir Schwermut Schwermut sein, es gibt auch manchen Spaß. Da gibt es zum Beispiel den stellvertretenden Vorsitzenden des fortschrittlichen Lenin-Kolchos – ein Schamane, ein echter, kämpfender, praktizierender! Ausgerechnet er ist es, der »die Verbindung mit den Massen« verwirklicht, und wenn er sie zur Durchführung der jeweils fälligen Maßnahme mobilisiert, zum Beispiel zur Übernahme einer sozialistischen Selbstverpflichtung zur Übererfüllung des Fellablieferungssolls, dann liest er zunächst die entsprechenden Beschwörungen.

Hier hast Du noch ein Gedicht, das ein sehr liebes Mädchen »mit Bildung« in meiner Gegenwart einem ebenfalls sehr lieben jungen Mann auf ein Foto, das sie ihm schenkte, schrieb:

> Wenn unser Wiedersehen
> verhindert das harte Geschick,
> mag immer mit dir gehen
> mein starres Angesicht.

Mit diesem Angesicht beende ich dann auch meinen unverändert törichten Brief.

Ich küsse Dich und liebe Dich. Grüße alle die Deinen.

Deine Alja

Wie verlief das Jubiläum von W. Iwanow? Hat keiner der Gäste gestört? Schade!

Turuchansk, 28. März 1955

Mein lieber Boris!

Du kannst mir gratulieren, ich habe die Rehabilitierung bekommen. Der Fall wurde fast zwei Jahre lang überprüft, während derer ich schon das Warten aufgegeben hatte. Der Fall wurde »in Ermangelung eines strafbaren Tatbestandes« eingestellt. Jetzt bekomme ich einen ›reinen‹ Paß (bereits den dritten in einem Jahr) und kann nach Moskau fahren. Ich bin so verblüfft, daß ich mich noch nicht richtig freuen kann, das ist noch »nicht angekommen«.

Übrigens »kommt es« bei mir oft »nicht rechtzeitig an«, daher wirke ich in Zeiten starker Erfahrungen in emotionaler Hinsicht wie ein skythisches (oder was das da war) Steinweib.

Also, ich werde wahrscheinlich mit dem Schiff von hier nach Moskau aufbrechen, wo ich absolut gar nichts habe und das ich dennoch als meine Stadt ansehe. Kurzum, ich werde »mein nasses Gewand an der Sonne unter dem Felsen trocknen«.

Borenka, selbst wenn ich in Deiner Nähe sein werde, werde ich Dich nie daran hindern zu arbeiten, werde mich Dir nie als Gast aufdrängen, werde noch nicht einmal anrufen (das alles, nachdem ich Dir vor lauter Überschwang meinen neuesten Paß gezeigt und Dich nach der Ankunft abgeküßt habe). Wenn aber allzu viel Zeit vergeht, dann werde ich Dir nach alter Gewohnheit einen sehr schwungvollen Brief schreiben, und Du wirst mich selbst anrufen und sagen, daß Du sehr viel zu tun hast und mich sehr liebst. Ich aber werde immer versuchen, Dir etwas Vernünftiges zu schreiben, und werde in dummes Geschwätz verfallen!

Ich küsse Dich innig.

Deine Alja

21. Juni 1955

Lieber Borenka!

Nun bin ich schon eine Woche da. Ich möchte Dich sehr gerne sehen, weil ich von Dir seit langem keine Antwort, kein Wort erhalte. Nur Shurawljow hat ein bißchen von Dir erzählt. Schreibe mir bitte, wann ich zu Dir kommen darf, um Dich beinahe nicht zu stören, auch wie man zu Dir gelangt – Du hast mir das einmal erklärt, aber ich habe es vergessen, weil ich damals mit einem Auto gebracht wurde. Der Brief aber, wo Du es erklärtest, ist zusammen mit den übrigen Sachen im Gepäck und in Moskau noch nicht eingetroffen.

Ich küsse Dich innig, sehr innig. Herzlichen Gruß an Sinaida Nikolajewna.

Deine Alja

Ich wohne in der Mersljakow-Gasse Nr. 16, Wohnung 27, hier für alle Fälle meine Telefonnummer K-4-95-71 (man hat die polizeiliche Anmeldung bereits angenommen, sogar mit einem Lächeln!).

17. August 1955

Lieber Borenka!

Ein Paket Papier und die Rolle sind bereits bei Marina Kasimirowna[54] (ich wußte damals nicht, daß ich ihr beide Pakete geben sollte. Ich glaube, zunächst reicht ihr auch eines, und wenn sie das andere anfordert, gebe ich es ihr auch). Sina (Mitrafanowna) und ich waren bei der Ausstellung der Dresdner Galerie, und dort hat Sina Marina Kasimirowna getroffen und sie zu uns gebracht. Sie hat mir sehr gefallen, und ich bin froh, daß gerade sie es ist, die Deine Sachen tippt. Nur erschreckt mich ihre

Kehle und ihre Magerkeit – hat sie etwa Krebs? An Assja habe ich heute geschrieben, auch über Magdalina, so gut ich konnte. Ich habe von ihr eine Postkarte erhalten, in den nächsten Tagen erwartet sie Andrej, der für zwei bis drei Wochen auf Urlaub kommen soll. Was ist das für ein Urlaub »von dort«? Ich verstehe es nicht. In dem »großväterlichen Museum«[55] habe ich eine alte Frau kennengelernt, die Witwe des Architekten, der das Museum gebaut hat. Sie arbeitet dort seit 1912, kannte sowohl Großvater als auch Mama und Assja. Sie hat mir erzählt, daß sie in den allerschlimmsten Zeiten (auch Museen haben solche) Großvaters Archiv erhalten konnte – etwa neuntausend Briefe und vieles andere. Den jetzigen Direktor des Museums hat sie sehr gelobt und mir geraten, mich an ihn mit der Bitte zu wenden, das Museum möge sich für Assjas Rente einsetzen. Nun verzögert sich die Angelegenheit wieder – der Direktor ist auf Dienstreise in China! Aber ich werde mich an die alte Frau halten, weil ich diese Rente unbedingt durchsetzen will, und zwar über das Museum. Für Assja wäre es eine ständige Hilfe und eine ständige Freude.

Was ich Dir noch sagen wollte: als ich vierzehn Jahre alt war, lebte ich einen ganzen Sommer über in dem bretonischen Städtchen Roscoff, einem wie alle bretonischen Städte sehr alten Ort. Dort gab es eine Kirche, die, wer weiß warum, in maurischem Stil gebaut war. Die Glocken, die sich auf dem Glockenturm befanden, hatten einst aus England zwei Delphine gebracht, das glaubten alle Bewohner und ich auch.

Dort war alles graublau wie eine Taubenbrust – die alten Häuser, die Wege, der Himmel, der Ozean, das Wetter und sogar der Wind, der so beständig wie in Turuchansk wehte. Während der Ebbe wich der Ozean um Kilometer zurück, und man konnte zu den nächsten Inseln über das Trockene gehen, dann aber kehrte er zurück und stürzte sich auf das Ufer, den Friedhof, die in der Bretagne alle mit dem Blick auf das Meer angelegt sind! Auch auf die nächsten Häuser, eines der allernächsten war das Haus von Maria Stuart. Sie lebte dort als Braut des Dauphin. Der Ozean stürmte mit Donnergetöse heran und wich mit Donnergetöse zurück, trug gleichsam selbst Holzpantinen wie alle Bretonen. Das Haus hatte drei Geschosse, war hoch und schmal, in der Mitte ging vom Boden bis zum Dach ein geschnitzter Pfosten, der Träger des ganzen Hauses, braun, mit reichen Verzierungen. Da lugten durch Weintrauben und Weinlaub kleine Heilige mit großen Händen und großen groben Gesichtern in knitterfreier Kleidung. Rings um den Pfosten verlief eine Wendeltreppe. Das Zimmer der Maria befand sich ganz oben, und die drei schmalen hohen Fenster blickten auf den Ozean, und sie blickte auch von dort auf den Ozean. Die Fensterrahmen waren ganz winzig, so daß man gerade die Stirn dagegenlehnen konnte. Unten befand sich ein alter Hafen und links eine kleine Kapelle, die der Dauphin hatte erbauen lassen, damit seine Braut für ihn bete. In jenen Zeiten war Roscoff ein großer Handelshafen. Ich schreibe das alles deshalb, weil ich damals, dort, dank dieser Stadt und diesem Haus und dank dem, daß es auf Erden Stellen gibt, wo die Zeit stehenbleibt und man sie einfach mit nackten Händen greifen kann, weil ich da jene echte, lebendige und einfache Maria Stuart erkannte, über die bisher noch n i c h t s geschrieben ist. (Dieses »nichts geschrieben« ist einfach eine Frechheit von mir! Vielleicht habe ich nur noch nichts gelesen? In unserer Wohnung lebt ein junger Mann, der zu sagen pflegt: »Ich erinnere mich nicht, worum es sich bei der Lehre

Darwins handelt, aber ich bin mit ihm nicht einverstanden!«) Ich habe damals einfach begriffen, daß das s o
v o r   k u r z e m ,   s o   n a h e war! Alles im Leben machen
die Abstände und die Beweihräucherungen kaputt. Das
heißt, nicht alles natürlich, aber sehr vieles. Ja, ja, ganz
vor kurzem lebte sie in diesem Haus und schaute durch
dieses Fenster und auf diesen Ozean. Und schrieb Gedichte »Adieu, mon doux pays de France«. Mir ist sie so
nahe, als ob man ihr nicht damals irgendwann den Kopf
abgeschlagen, sondern sie jetzt vor kurzem erschossen
hätte, und das vor langer Zeit Vergangene ist genauso
wenig wiedergutzumachen wie das, was gestern war, und
der heutige Tag ist genau so unwiederbringlich töricht
wie der gestrige.

Übrigens ist mir alles so nahe gerückt wie vor dem Tode.
Warum? Ach ja, ich möchte schrecklich gerne Deine
Übersetzung der »Maria Stuart« lesen, wann immer es
sich ermöglichen läßt. Ich möchte wissen, ob Schillers
Maria in diesem Haus gelebt hat, wo ich sie erkannt habe.
Oh ihr Frauenleben, Frauenschicksale, Frauenhinrich-
tungen! Kennst Du den letzten Brief der Charlotte
Corday? Hier ist er:

»Pardonnez-moi mon cher papa d'avoir disposé de ma
résistance sans votre permission, j'ai vengé bien d'inno-
centes victimes, j'ai prévenu bien d'autres désastres, le
peuple, un jour désabusé, se réjouira d'être délivré d'un
tyran, si j'ai cherché à vous persuader que je partais en
Angleterre, c'est que j'espérais garder l'incognito, mais
j'en ai reconnu l'impossibilité. J'espère que vous ne
serez point tourmenté, car je crois que vous aurez des
défenseurs à Caen, j'ai pris pour défenseur Gustave
Doulat, un tel attentat ne permet nulle défense, c'est
pour la forme. Adieu, mon cher papa, je vous prie de

m'oublier ou plutôt de vous réjouir de mon sort, la cause en est belle, j'embrasse ma sœur que j'aime de tout mon cœur ainsi que tous mes parents, n'oubliez pas le vers de Corneille:
le Crime fait la honte et non l'Echafaud
C'est demain à huit heures que l'on me juge, le 16 Juillet.«

Borenka, mein Lieber, ich habe das mit dem Roman noch nicht begriffen: heißt das nun, daß ich ihn in der Handschrift lesen d a r f ? Also, daß Du das erlaubst? Wenn ja, dann habe ich Angst, die H a n d s c h r i f t anzurühren, bewahre Gott, daß damit etwas passiert. So etwas ist doch nicht wiederherstellbar, einfach schrecklich, daran zu denken. Vielleicht kann ich das Abgetippte lesen, in Schüben, wie M. K. es tippt, ehe sie Dir alle Exemplare gibt, die man Dir dann gleich aus den Händen reißt? Ich bin so abergläubisch mit Handschriften, auf denen von Mama bleibe ich einfach sitzen und zeige sie nicht einmal jemandem, damit sie nicht verlorengehen, damit sie mir niemand wegnimmt oder mit dem bösen Blick verhext. Dann muß ich den Text auch Lilja auf die Datscha bringen und mit ihr lesen – mit einer Abschrift kann da nie etwas passieren. Wenn irgend möglich, schreibe mir eine Postkarte darüber.

Ich küsse Dich innig und liebe Dich.

Deine Alja

PS. Vielleicht hast Du M. K. die Handschrift noch nicht zum Tippen, sondern nur zum Lesen gegeben? Du erwähnst aus irgendeinem Grunde, sie könne das Papier auch später bekommen. Oder hat sie jetzt einfach Papier für die Arbeit?

Bolschewo, 20. August 1955

Lieber Borenka!

Ich ordne gerade Mamas Gedichte und wollte Dich an die »Magdalina«-Gedichte erinnern. Das sind dieselben Haare, von denen Du zu mir sprachst, und dieselben Sünden!

Ich küsse Dich innig, Lilja und Sina lassen Dich auch grüßen.

Deine Alja

In Mamas Notizbüchern und Heften mit Entwürfen ist viel über Dich. Ich mache Dir Auszüge, Du wirst da sicher vieles nicht kennen. Wie hat sie Dich geliebt und wie l a n g e – ihr ganzes Leben! Nur Papa und Dich hat sie ohne Unterlaß geliebt und o h n e Übertreibung. Die, auf die sie zu große Stücke hielt, sah sie später, unter Schmerzen, ernüchtert.

3. Oktober 1955

Borenka, in Mamas Notizbuch finde ich folgendes (vielleicht ist das in ihre Prosa über Dich eingegangen? Ich weiß es nicht, ich habe sie zwanzig Jahre lang nicht mehr gelesen.):

»Es gibt zwei Arten von Dichtern: die Parnasser und, ich möchte sagen, Vesuver (Vesuvier? Nein, Vesuver). Der Vesuv bricht nach jahrzehntelanger Arbeit plötzlich mit allem aus (NB! Der Ausbruch ist von allen Erscheinungen der Natur am wenigsten etwas Unerwartetes). Wozu sind solche Ausbrüche notwendig? In der Natur (und die Kunst ist nichts anderes) gibt es glücklicherweise keine Fragen, n u r die Antwort. B. P. bringt bei seinen Ausbrüchen Kostbarkeiten hervor.«

―――――

Borenka, das gilt doch für Deinen Roman (obwohl sie es 1924 geschrieben hat!).

Wie geht es Dir, mein Lieber? Ich küsse Dich und liebe Dich.

Deine Alja

Du hast mir wegen des Romanes nicht geantwortet: wird er abgetippt, ist er abgetippt, wann und wie kann ich ihn lesen?

3. April 1957

Borenka, mein Lieber,

ich weiß alles von Dir, was möglich ist, errate alles übrige. Ich weiß, daß es jetzt wieder aufwärts geht – wie sehr sind wir alle doch bemüht, Dich gegen Krankheit abzuschirmen, mit Zauberkraft zu schützen! Vor allem mach Dir keinerlei Sorgen (das ist der dümmste aller menschlichen Ratschläge und der allerunerfüllbarste!), aber in der Tat, alles ist bei uns gut, und vor allem reicht das Geld für alle und für alles. Mach Dich also wenigstens von diesen Sorgen frei.

Der Frühling, mein Lieber, ist in vollem Gange, die Krähen, die Lerchen und die Stare sind wieder da, sei Du bald wieder auf den Beinen. Ich war zwei Tage in Tarussa und hörte all die Stimmen, die allein Du zu übermitteln vermagst – auch das fast sichtbare Muster der Lerchenlieder am reinen blanken Himmel, auch, wie ein unter dem Schnee verborgenes Rinnsal sich die Kehle spült und wie die Hähne einander zukrähen, alles, alles habe ich gehört, auch das von Dir in Gedichten noch nicht Wiedergegebene.

Komm bald wieder auf die Beine, sei hart und stark durch unsere Zuversicht und unsere Liebe.

Ich bin froh, daß Du im Kreml-Krankenhaus bist, man macht Dich dort schneller gesund als irgendwo sonst, nichtsdestotrotz ist es traurig, daß Du nicht zu Hause bist und daß man nicht bis zu Dir vordringen und sich immer und immer wieder davon überzeugen kann, daß Du ungeachtet aller Leiden licht und gut und schön und ewig jung bist. Gott gebe Dir, daß Du bald wieder auf die Beine kommst und daß wir uns bald sehen, und verzeih der grauen Stute ihr Gefasel. Ich küsse Dich, mein Lieber, möge Dir nichts wehtun.

Unsere Lilja und Sina küssen und lieben Dich. Ljubow Michailowna Ehrenburg bat am Abend vor ihrer Reise nach Japan (er ist schon dort), Dich vielmals zu grüßen und Dir baldige Genesung zu wünschen.

Deine Alja

28. August 1957

Mein lieber Borenka!

Tausend Jahre lang habe ich Dir nicht geschrieben, aber ich wußte das Wesentliche – daß Du Dich besser fühlst. Gott sei Dank. Dann habe ich noch bei einem meiner kurzen Besuche in Moskau im Staatsverlag erfahren, daß Dein Gedichtband bestimmt in diesem Jahr erscheinen wird.[56] Da wollte ich gern noch erfahren: hat sich die Auswahl wesentlich verändert, und was ist mit dem Vorwort? Schreib mir wenigstens zwei Zeilen darüber, wie es um Deine Dinge steht. Es ist sehr hübsch, Dich in der sibirischen Tradition weiter in der Seele zu bewahren – und es damit auf sich beruhen zu lassen, aber dort zwangen mich doch dazu der große Abstand und noch etliche andere Unüberwindlichkeiten, jetzt aber steht es schließlich anders (»So niemals, tausendmal anders!«), und es besteht wohl keinerlei Notwendigkeit, sich überhaupt nicht zu sehen und nicht einmal zu korrespondieren!

Mein lieber Freund, wie geht es Dir, wie Deinem Kreuz, wie dem Knie? Was machst Du? Was ist, abgesehen von den Gerüchten, nun wirklich mit Deinem Gedichtband und dem Vorwort los? Was macht der »Doktor«?[57] Und noch eins: was sagen die Ärzte? Und noch eins: wie siehst Du aus? Gehst Du spazieren?

Ich bin in Tarussa, offenbar nicht weit von dem Gut entfernt, das Du in Deinem Vorwort erwähnst, in demselben Tarussa, wo Kindheit und Jugend der kleinen Zwetajews verliefen, wo alles verlief – dem Sprichwort zum Trotz, außer dem Wasser der Oka. Die Kathedrale, wo einer meiner Zwetajew-Urgroßväter Priester war, ist jetzt in einen Klub verwandelt worden, in Urgroßvaters Haus ist ein Stickerei-Artel, in Großmutters ein Kindergarten, an der Stelle des alten Friedhofs – der Stadtpark. Das kleine Haus, in dem Mama und Assja aufgewachsen sind, blieb fast unverändert erhalten, dort wohnt das Personal des Erholungsheims. Vor den Zwetajews hat dort Borissow-Mussatow[58] gelebt, er ist dort auch gestorben, Mama erzählte, daß in dem Zimmer, das sie den Kindern gegeben hatte, noch lange Zeit, nach vielen Anstrichen und Überstrichen Spuren von Borissow-Mussatows Pinseln hervortraten: in den letzten Lebensjahren hatte er liegend gearbeitet und Wand und Decke des Zimmers als Palette benutzt. – Doch woran liegt das? Warum bleibt gerade ein Fluß unverändert? Warum bleibt schon seit langem nicht das gleiche Wasser auch der gleiche Fluß? Keiner von denen, die hier lebten, ist mehr da – kein einziger! Weder die Wulfs, noch die Zwetajews, noch Polenow noch Borissow-Mussatow, noch der liebe Balmont[59], noch der liebe Baltrušaitis[60], noch viele, viele andere Einmalige! Aber der Fluß bleibt, und ich schaue jetzt auf ihn, und dank seiner Unveränderlichkeit sehe ich, fühle ich, trinke ich aus derselben Quelle, die Mama beflügelte. All das hat sie hier zum ersten Mal und für ihr ganzes Leben gesehen, hier sind ihre Verse geboren worden, geboren, um nicht zu sterben. Hier sind sie, die Ebereschen und der Holunder ihres ganzen Lebens, bittere Beeren, leuchtende Beeren. Da sind auch die Bäume mit ihren »Gesten der Tragödie« und der Fluß – das Leben, die Lethe, und trotz allem das Leben.

So hat mich mein Leben doch noch zu vielem geführt, Dank dem Schicksal, Gott und den Menschen. Geführt bis zur Begegnung mit Dir und jetzt also zur Begegnung mit den Urquellen von Mamas Leben und ihrem Schaffen, zur Begegnung mit meiner eigenen Vorgeschichte! Geführt auch dazu, daß ich Deinen Roman gelesen habe und das Vorwort zu der Gedichtauswahl, wo Du so tief und einfach über Mama sprichst – all das sind doch Wunder über Wunder, und wenn mich ein wenig das Murren überkommt, dann gebieten mir die Wunder Einhalt und erlauben mir nicht, kleinlich zu sein . . . Ach, Borenka, wie sind wir alle kleinlich! Wichtig ist doch, daß etwas g e s c h r i e b e n wurde, denn eben d a r i n liegt das Wunder, wir aber wollen noch die Veröffentlichung des Geschriebenen, also das Wunder zum Quadrat! Nun, schon gut, mein Lieber, vielleicht erleben wir auch das noch, aber es ist erheblich wichtiger, daß das, was Du und Mama geschrieben haben, bis zu den Generationen überlebt, die wir jetzt noch nicht einmal erraten können, und daß ihr mit diesen »auf Du« stehen werdet. Einen hohen Preis läßt man uns heute für das Recht zahlen, bis ins Morgen, bis ins Immer zu leben. Ich küsse Dich innig, bleib gesund!

Deine Alja

Anhang

Biographische Notiz

Ariadna Sergejewna Efron, die älteste Tochter Marina Zwetajewas (1892-1941), wurde am 18. September 1912 in Moskau geboren. Marina Zwetajewa sagte ihr eine Zukunft als Lyrikerin voraus: ihre Kindergedichte sind als besonderer Abschnitt in M. Zwetajewas Gedichtband »Psicheja« (Berlin 1923) einbezogen worden. 1922 verließ Marina Zwetajewa zusammen mit ihrer Tochter Rußland. Ariadna Efron besuchte zunächst ein russisches Gymnasium in der Tschechoslowakei, danach in Paris eine Kunstschule am Louvre, wo sie sich mit Kunstgeschichte befaßte, sowie eine Schule für angewandte Kunst, wo sie ihre Studien zum Abschluß brachte. Im Alter von 18 Jahren begann sie, für Zeitschriften und Periodika zu arbeiten, die die Sowjetische Botschaft und die Gesellschaft »Frankreich-UdSSR« herausgaben. Damals zeichnete sich eine Entfremdung von der Mutter ab. 1937 kehrte Ariadna Efron in die Sowjetunion zurück. Im August 1939 (also zwei Monate nach der Rückkehr von Mutter und Bruder) wurde sie verhaftet und zu acht Jahren Konzentrationslager verurteilt. Im Februar 1949 wurde sie erneut verhaftet und als »Rückfällige« zu lebenslanger Verbannung in dem Dorf Turuchansk, Bezirk Krasnojarsk, verurteilt. Sie arbeitete dort als Malerin im Kreiskulturhaus. 1955 wurde sie »in Ermangelung eines strafbaren Tatbestandes« rehabilitiert. Die letzten zwanzig Jahre ihres Lebens widmete Ariadna Sergejewna neben ihrer Arbeit als Übersetzerin der Vervollständigung des Archivs ihrer Mutter und der Vorbereitung von deren Werken zum Druck. In den Zeitschriften »Literaturnaja Armenija« (1967, Nr. 8) und »Swesda« (1973, Nr. 3 und 1975, Nr. 6) wurde ein Teil ihrer nicht zu Ende geführten Erinnerungen an ihre Mutter veröffentlicht. Sie erschienen 1979 als selbständiges Buch in Paris (»Stranicy vospominanij«, [Erinnerungsblätter] Verlag »Lew«). Ariadna Efron starb 1975 in Tarussa an einem Herzinfarkt.

Anmerkungen

1 Es handelt sich um die alten Rubel, nach heutigem Geld also um ein Zehntel, d. h. 20 Rubel. Sie entsprechen maximal DM 70,-.

2 Pasternak war im Juni 1935 Mitglied der sowjetischen Schriftstellerdelegation, die am Kongreß zur Verteidigung der Kultur teilnahm.

3 Mit Pressehaus ist die Zeitschriften-, Zeitungsvereinigung unter Leitung von M. Je. Kolzow (1938-1942 in Haft) gemeint. Dort hatte Ariadna Sergejewna Efron nach ihrer Rückkehr aus Frankreich 1937 bei der *Revue de Mouscou* gearbeitet.

4 Assja: Anastassija Iwanowna Zwetajewa (geb. 1894), Marina Zwetajewas ältere Schwester, die 1974 in der Sowjetunion ihre Erinnerungen veröffentlichte. Die deutsche Übersetzung *Kindheit mit Marina* erschien 1977.

5 Pasternaks zweiter Gedichtband von 1917.

6 Pasternaks dritter Gedichtband von 1922.

7 *Lüwers Kindheit* ist eine Erzählung Pasternaks, die 1925 erstmals erschien.

8 Das Zitat stammt aus Pasternaks Verserzählung *Das Jahr 1905* (1925/ 26).

9 Das Wortspiel läßt sich nicht übersetzen. Das russische Wort »perevod« heißt sowohl Übersetzung (spielt also auf Pasternaks dichterische Übersetzungen an) als auch Überweisung (meint also Pasternaks finanzielle Hilfen).

10 Es handelt sich um das Manuskript des Romans »Doktor Schiwago« in einer erheblich kürzeren, ersten Fassung als die 1957 bekannt gewordene (vgl. Anm. 57).

11 Alexander Alexejewitsch Sharow (1904-1984), ein künstlerisch unbedeutender Parteidichter.

12 Anspielung auf die Arie Lenskis aus der Oper *Jewgeni Onegin*.

13 Slatoust ist eine in Altrußland verbreitete Sammlung religiös-erbaulicher Literatur, die vor allem auf der Übersetzung der Predigten des Hl. Johannes Chrysostomos (slavisch: Slatoust) beruhte.

14 S. Anm. 1.

15 Ostap Bender ist die Hauptfigur in dem satirischen Roman von I. Ilf und Je. Petrow *Zwölf Stühle* (1928).

16 Ja. M. Swerdlow (1885-1919), Altbolschewik.

17 S. Anm. 1.

18 Vgl. Anm. 7.

19 Pasternaks 1943 erschienener kleiner Lyrikband *In den Frühzügen*.

20 Jelisaweta Jakowlewna Efron (1895-1976) war die Tante Ariadna Efrons, die Schwester ihres Vaters S. Ja. Efron.

21 Sinaida Mitrofanowna war eine Freundin von Jelisaweta Efron, mit der sie viele Jahre lang in der Mersljukowski-Gasse lebte (Sinaida Mitrofanowna Schirkewitsch, 189?-1977).

22 Bei der Formulierung »meine liebe Traurigkeit ist ins Unglück geraten« handelt es sich um eine Verschlüsselung wegen der Briefzensur. »Ins Unglück geraten« bedeutet: ist verhaftet worden, mit »meine liebe Traurigkeit« meint Pasternak Olga W. Iwinskaja, seine langjährige Lebensgefährtin, Autorin des Buches »Lara. Meine Zeit mit Pasternak« (Hamburg 1978). Es handelt sich um den Abdruck von zehn Gedichten aus dem Roman *Doktor Schiwago*. Zum ersten Mal wurde es Pasternak nach einem Jahrzehnt genehmigt, eigene Gedichte zu veröffentlichen.

23 Sowjetische Feldpostbriefe waren nicht viereckig, sondern dreieckig.

24 S. Anm. 22.

25 Alexej Jelissejewitsch Krutschonych (1896-1968), einer der wichtigsten Dichter und Theoretiker des russischen Futurismus.

26 Lilja: Elisaweta Jakowlewna Efron (s. Anm. 20).

27 S. Anm. 20.

28 S. Anm. 2.

29 Wilhelm Küchelbecker (1797-1846), russischer Lyriker, Freund Puschkins.

30 Bei der Freundin handelt es sich um Ada Alexandrowna Schkodina (geb. 1901).

31 T. Motylëva, *Faust* v perevode B. Pasternaka. In: *Novyj mir* 1950. 8.

32 S. Anm. 23.

33 Iwan Mitschurin (1855-1935), russischer Obstzüchter.

34 Infolge der Kalenderreform von 1918 wird die *Oktoberrevolution* des Jahres 1917 alljährlich am 6./7. November gefeiert.

35 Andrej: Andrej B. Truchatschow (geb. 1912), der Sohn von Anastassija Iwanowna Zwetajewa (vgl. Anm. 4).

36 Bei Nina handelt es sich um Andrej B. Truchatschows Frau.

37 D. N. Shurawljow (geb. 1900), ein Vortragskünstler, der unter der Regie Je. Ja. Efrons arbeitete.

38 Ein sehr kostbares Porzellan.

39 Nach heutigem Geld 6 Rubel (vgl. Anm. 1).

40 Nikolai Wassiljewitsch Gogol (1809-1852). *Der Revisor* ist sein wichtigstes Theaterstück (1836), *Taras Bulba* eine historische Erzählung (1835). (Gesammelte Werke, Stuttgart 1982 ff.)

41 Mit Sina ist Pasternaks zweite Frau Sinaida Neuhaus (Nejgaus) gemeint, mit der er seit 1934 verheiratet war.

42 Karolina Karlowna Pawlowna (1807-1893), russische Lyrikerin.

43 Anspielung auf ein trauriges russisches Volkslied vom Kienspan, der nicht richtig leuchten kann.

44 *Für die gerechte Sache:* ein historischer Roman von Leonid Grossman (1952). Er wurde erheblicher Parteikritik unterzogen und
erschien deutsch 1959 unter dem Titel *Wende an der Wolga.* Die
Fortsetzung »Leben und Schicksal« konnte nur im Westen erscheinen.

45 Ilja Grigorjewitsch Ehrenburg (1891-1967), Journalist und Schriftsteller.

46 Pravda 13. 2. 1952.

47 S. Anm. 3.

48 Am 5. 3. 1953 starb Stalin; damit setzte bei den Millionen Lagerin-
sassen und Verbannten berechtigte Hoffnung ein.

49 S. D.: S. D. Gurewitsch (1903 oder 1904-1952).

50 Lawrenti: Pawlowitsch Berija (1899-1953), Mitglied des Politbüros,
Volkskommissar des Inneren (Leiter des NKWD), stellvertretender
Ministerpräsident.

51 S. Anm. 33.

52 Nach heutigem Kurs 1.80 Rubel (vgl. Anm. 1).

53 S. Anm. 3.

54 Marina Kasimirowna: M. Kasimirowna Baranowitsch, die das
Typoskript von Pasternaks Roman *Doktor Schiwago* herstellte.

55 Marina Zwetajewas Vater war Professor an der Universität Moskau
und Begründer des Museums der Schönen Künste, dem heutigen
Puschkin-Museum.

56 Dieser Gedichtband ist von der Zensur nie freigegeben worden. Die
erste Auswahl von Pasternaks Lyrik nach 1948 erschien nach seinem
Tode (1961).

57 Pasternak hatte seinen Roman *Doktor Schiwago* im Mai 1956 über
den italienischen Korrespondenten Sergio d'Angelo dem Verleger
Feltrinelli übergeben, nachdem die Redaktion der Zeitschrift »Nowyj mir« sich zur Veröffentlichung nicht hatte entschließen können.
Der Roman erschien im November 1957 in Mailand.

58 Viktor Elpidiforowitsch Borrissow-Mussatow (1870-1905), russischer Maler.

59 Konstantin Dmitrijewitsch Balmont (1867-1942), russischer Lyriker; 1920 emigriert.

60 Jurgis Baltrušaitis (1873-1944), litauischer Dichter, der bis 1912
Gedichte in russischer Sprache schrieb und zu den Symbolisten
gehörte.

INHALT